당신이 살았던 날들

죽음 뒤에도 반드시
살아남는 것들에 관하여

당신이 살았던 날들

델핀 오르빌뢰르 지음
김두리 옮김

북하우스

일러두기

- 인명과 지명 표기는 국립국어원 외래어 표기법을 따랐으며, 『성서』에 나오는 인명과 지명은 공동번역 개정판을 기준으로 삼았다. 단, 표기법이 불분명한 히브리어 인명과 지명은 국립국어원 외래어 표기 원칙에 따라 소리나는 대로 옮겼다.
- 본문의 『성서』 인용은 대한성서공회에서 펴낸 공동번역 개정판과 새번역판을 참조하되, 문맥에 따라 필요한 경우에는 저자의 해석에 준하여 수정했다.
- 각주는 대부분 옮긴이의 것으로, 저자의 주석은 [원주]로 표기했다.

나의 할아버지, 나탕 오르빌뢰르를 기억하며

그리고 언제나 나를 소생시키는

사뮈엘, 엘라, 알마를 위하여

차례

나는 너희 앞에 생명과 죽음, 축복과 저주를 내놓는다.

너희는 생명을 택하여라.

「신명기」 30:19

생명은 죽음을 이용할 줄 아는 기능들의 총체다.*

앙리 아틀랑**

사실상 죽음이 존재하지 않는다면,

삶은 희극적 성격을 잃을 것이다.***

로맹 가리

• 앙리 아틀랑, 『수정水晶과 연기 사이*Entre le cristal et la fumée*』, 파리: 쇠유 출판사, 1979.

•• Henri Atlan(1931~), 알제리 태생의 프랑스 생물학자·철학자·작가.

••• 로맹 가리, 『징기스 콘의 춤*La danse de Gengis Cohn*』, 파리: 갈리마르 출판사, 1967.

아즈라엘

손안의 생명과 죽음

묘지에서 장례가 시작되기 직전 휴대폰 벨소리가 울린다. 나는 전화를 받는다.

"지금은 통화 못 해. 장례식 끝나고 바로 전화할게……"

이런 일이 수시로 벌어지는 바람에 친구들은 나를 놀려댔다. 종종 내게 전화를 걸면 농담조로 "오늘은 누가 죽은 거야? 그래 묘지 생활은 어때?" 하고 묻는 것이다. 또 사람들이 여간해선 가지 않는 장소로 부지런히 드나드니 걸핏하면 이런 질문을 받기도 한다. "죽음에 그렇게 가까이 있어도 괜찮아요? 그렇게 매일 애도자들• 옆에 있는 게 힘들지는 않아요?"

몇 년 전부터 나는 이 질문을 교묘히 회피한다. "아뇨, 괜찮아

• 고인의 부모, 자식, 형제자매, 배우자 등 유가족을 가리킨다.

요, 익숙해져요"라거나 "그러게요, 말도 마세요, 시간이 지나도 변하질 않네요"라거나 "실은 때와 상황에 따라 달라요"라거나 "한번 생각해봐야겠네요, 물어봐줘서 고마워요"라고 생각 나는 대로 대답하면서…….

사실, 나는 전혀 모른다. 살아 있는 사람들이 죽음을 가까이하거나 죽음과 동반할 때, 죽음이 그들에게 어떤 결과를 초래하는지 알지 못한다. 죽음을 구태여 멀리하려 했다면 나 자신이 어떤 사람이 되었을지 모르는데, 죽음이 나에게 끼치는 영향에 대해서 뭐라고 말할 수 있을까?

다만 내가 아는 것은 시간이 흐르면서 내게 어떤 의식儀式 혹은 습관이 생겼다는 것이다. 누군가 액막이라거나 강박증이라고 부를 이런 행동들은 살면서 죽음의 자리를 지극히 임의적으로 제한할 수 있게 돕는다.

가령, 묘지에서 돌아오는 길에 나는 전통에 따라 집으로 곧장 가는 법이 없다. 장례를 치른 후에는 카페든 상점이든 어딘가를 꼭 들러야 한다. 죽음과 우리 집 사이에 상징적인 보안문을 만드는 것이다. 죽음을 절대 집으로 들여서는 안 되니까. 죽음을 어떻게든 떨쳐서 다른 곳, 이를테면 커피잔 옆이나 박물관 또는 탈의실 안에 남겨두어야 한다. 그렇게 죽음이 내 흔적을 놓쳐서 우리 집을 아예 못 찾도록 해야 한다.

유대 전통은 천 가지 이야기를 통해 죽음이 당신을 따라올지라도 그를 돌려보낼 방법이 있다고, 죽음이 결국 당신을 추적하지 못하게 할 수 있다고 말한다. 죽음은 수많은 전승 속에 등장하는데, 천사의 형상으로 우리네 집을 방문하고 우리네 마을을 둘러본다.

이 등장인물은 심지어 이름까지 있다. 죽음의 천사 아즈라엘이다. 아즈라엘은 한 손에 검을 쥐고 목숨을 노리는 사람들 주변을 서성인다고 전해진다. 순전히 미신적인 이야기이지만, 그로 인해 별난 관습들이 생겨났다. 예를 들어, 많은 유대인 가족들이 식구 중에 아픈 사람이 생기면 환자에게 다른 이름을 붙여준다. 그의 정체성을 바꾸는 것인데, 그것은 악의를 품고 그를 찾아올 초자연적인 불청객을 속이기 위함이다. 한번 상상해봐라. 죽음의 천사가 당신의 집 초인종을 누르고 모셰라는 사람의 목숨을 요구한다면, 당신은 그에게 침착하게 대답할 수 있을 것이다. "어쩌나, 여기에 모셰라는 사람은 안 살아요. 솔로몬네 집인데." 그러면 천사는 머리를 긁적이며 도리어 미안하게 됐다고 뒤돌아 떠날지도 모른다.

헛웃음이 나오는 속임수이긴 하지만, 그것은 어떤 예리한 진실을 드러낸다. 죽음과 거리를 두기 위해 방어벽이나 이야기를 만들 수 있으며, 죽음을 멀리 떼어놓기 위해 모의하거나 아니면 의식이나 말로 그럴 힘을 얻을 수 있다고 믿는 인간의 속성 말이다.

현대성, 의학과 의료시설은 그들 고유의 방식을 발전시켰다. 죽음의 천사는 이제 우리의 집과 완전히 거리를 두고, 영업마감 시간에 앞서서 공공병원, 개인병원, 노인요양원이나 호스피스 센터에 나타나도록 유인된다. 사람들은 죽음의 천사가 우리의 집에 더이상 볼일이 없다고 여긴다. 집에서 죽는 사람들의 수는 갈수록 줄어든다. 마치 그곳에 볼일이 없어진 병마로부터 살아 있는 사람들을 보호하려는 것처럼.

나는 이따금 이 장소의 분배에 대해서 생각한다. 특히 파리의 거리를 걷다가 오래된 건물 외벽에서, 여기에서 아무개 사망하다, 이러이러한 인물이 죽은 장소, 라고 써붙인 표지판을 발견할 때 유독 그렇다. 오늘날 우리는 우리가 사는 건물에 죽어가는 사람이 있는지 알 일도 거의 없고, 우리의 침실에서 눈을 감았을 사람들을 떠올려보는 일도 없다. 죽음은 따로 정해진 영역이 있고, 우리는 우리가 죽음의 영토를 한정하여 죽음을 강제로 경계 바깥으로 몰아냈다고 굳게 믿는다.

하지만 때때로 역사는, 우리가 만들어낸 온갖 이야기와 잔꾀에도 불구하고, 그 예측할 수 없는 전개로 우리가 가진 힘의 한

계를 상기시킨다.

2020년 전 세계에서 죽음의 천사는 거의 사방팔방으로 우리를 방문하고 모든 대륙의 문을 두드리기로 마음을 먹었다. 내가 이 글을 쓰는 동안에도 죽음은 물러갈 기미를 보이지 않는다. 물론 죽음은 여전히 우리의 집에서 거리가 먼 병원과 중환자실에서, 대개 코로나19 환자들의 목숨을 노리지만, 우리 삶에 파고들 전권이 그의 손안에 있음을 인간에게 환기시킨다. 돌연 죽음이 가까운 사람에게 손을 뻗고, 우리의 영토에 침투할지 모른다는 두려움이 엄습한다. 우리가 그토록 멀리하고 싶어 하던 천사는 이제 우리 생애와 우리 사회에서 자신의 자리를 요구한다. 그는 우리 이름, 우리의 주소를 알고 있으며, 우리에게 속아 넘어가지 않을 것이다.

팬데믹이 도래하면서 장례와 애도의 풍경 역시 완전히 바뀌었다. 죽음이 임박한 사람들의 곁을 지키는 다른 모든 이들처럼, 나 역시 최근 몇 달 동안 한 번도 경험해보리라 상상한 적 없는 상황들을 목격했다.

병문안을 할 때면 우리가 껴야 하는 마스크와 장갑 때문에, 환자들은 우리의 얼굴과 미소를 보지 못하고, 우리가 내민 손도 잡아보지 못한 채 떠나야 한다. 고령의 어르신들을 죽음으로부터 보호하기 위해 요양시설에 격리 수용한다지만 결과적으로는 기어코 방문할 죽음 앞에 그들을 절망적으로 홀로 남겨두게 되었다. 장례식을 비공개로 진행하고 조문객 수를 제한하여, 애도자들에게 포옹을 하거나 악수를 할 수도 없다. 이 모든 일들을 우리는 경험해야 했고, 이에 대한 판단은 나중으로 미룰 수밖에 없다고 생각했다. 하지만 그때는 너무 늦다.

어느 날 전국 봉쇄조치 초기•에 한 가족의 전화를 받았다. 그들은 묘지에서 부친의 관 앞에 서 있었고, 곁에 조문객은 아무도 없었다. 어느 누구도 위험에 빠뜨리고 싶지 않았기 때문에 친구들에게조차 함께해줄 것을 부탁하지 않았다. 하지만 유대교의 기도를 전혀 알지 못했던 그들은 나에게 멀리서나마 도와주기를 통사정했다. 결국 나는 전화상으로 그들을 위해 나지막하게 기도 말을 들려줬고, 그들은 그 말을 큰 소리로 반복했다. 평생 처음으로 내 아파트 거실에서, 시선도 마주친 적 없는 한 가족을 위해 나는 장례를 진행했다. 전화를 끊고 나자 문득, 우리에게 어떤 보안문도 남아 있지 않다는 생각이 들었다. 죽음은 마침내 우리 삶의 터전에, 허락도 없이 들어온 것이다.

죽음은 우리의 주소를 찾았고 우리 각자의 집에, 우리 가족에게, 혹은 우리 의식意識 속에 슬그머니 들어왔다. 아니, 오히려 죽

• 프랑스는 코로나19 팬데믹 초기인 2020년 3월부터 5월 사이에 1차 전국 봉쇄조치를 시행했다. 그로 인해 휴교령이 내려지고, 상점 영업이 제한되고, 야간 외출 및 지역 간 이동이 금지되었다.

음은 그곳을 결코 떠난 적 없다고, 거기에 오롯이 그의 자리가 있다고, 그리고 우리가 가진 힘이란 결국, 그가 홀연히 나타나는 순간에 할 말과 행동을 선택하는 것뿐이라고 우리에게 상기시키는 것이었다.

말을 찾고 해야 할 행동을 하는 것이 내 일의 핵심이다.

몇 년 전부터 나는 내가 하는 일을 궁금해하는 사람들에게 내 일을 정의해주려고 노력해왔다.

랍비[•]의 일이란 뭘까? 단연, 의례를 집행하고 사람들과 함께하고 그들을 가르치는 것이다. 『성서』의 텍스트들을 번역해서 그것들을 읽을 수 있게 해주고, 한 전통의 목소리들을 각 세대에게 들려주는 것이다. 그 전통은 새로운 독자들을 통해 또 다른 세대에 전달되기를 손꼽아 기다린다. 하지만 해가 갈수록 내 직업과 가장 엄밀하게 가까운 직업명이 따로 있는 것 같다. 바로 이야기꾼이라는 이름이다.

천 번을 되풀이한 이야기를 들려주면서도, 그 이야기를 처음 듣는 사람에게 새로운 실마리를 건넴으로써 그가 자신의 이야기를 파악할 수 있게 하는 것, 이게 나의 소임이다. 나는 사람들

• 랍비Rabbi는 히브리어로 '나의 스승'이라는 뜻이다.

이 삶의 전환점에서 이야기를 필요로 하는 순간에, 그들 곁에 있다. 이 조상 전래의 이야기가 유대교의 이야기인 것만은 아니지만, 나는 유대 전통의 언어로 이야기를 서술한다. 이야기는 시간 사이와 세대 사이에, 존재했던 사람들과 존재할 사람들 사이에 다리를 놓는다. 우리의 거룩한 이야기는 살아 있는 자들과 죽은 자들 사이에 통로를 연다. 이야기꾼의 역할은 그 입구에서 있으면서 그곳이 열려 있는지 확인하는 것이다.

이렇게 우리에게 다시 장소와 분리의 문제가 제기된다. 우리는 내벽이 굳게 밀폐되어 있고, 생명과 죽음이 잘 분리되어 있다고 여기면서, 살아 있는 자들과 죽은 자들이 서로 마주쳐서는 안 된다고 믿고 싶어 한다. 그런데 실제로 그 믿음대로라면 어떨까?

처음 죽은 사람을 봤을 때를 기억한다. 예루살렘에서였고, 죽은 사람은 여자였다. 당시 나는 의과대에서 해부 학기를 맞이한 학생이었다. 우리는 이론 입문 수업을 듣고 몇 주간 해부실에서 실습을 해야 했다. 우리 모두 연구석을, 그러니까 의학의 발전을 위해서 자신의 시신을 기증한 여자 혹은 남자가 놓여 있는 해부 테이블을 '배분'받았다. 나는 머리가 지끈거리는 포르말린 냄새와 우리가 기관에서 기관으로, 근육에서 근육으로, 신경에서 신경으로 세세하게 살펴본 그 주검들을 기억한다.

분명 스스로를 감정적으로 보호하고 두려움과 불안을 떨치기 위해, 우리는 그들을 하나의 유기체로 바라보는 대신 각각의 해부학적 요소들을 따로 분리하여 주의 깊게 관찰했을 것이다. 모든 것이 우리가 꼼꼼하게 암기한 대로 책의 내용들과 완벽하게 부합하는지 하나하나 가급적 냉정하게 확인하기 위한 것이었다.

그러던 어느 날 손의 해부 구조를 배우면서 인대들을 제각각 구분하고 동맥과 자신경•과 자정맥과 굽힘근을 구별할 수 있는지 확인하는 날이었다. 며칠 전부터 해부한 시신의 오른팔에 덮여 있던 시트를 걷어 올리는 순간, 나는 욕지기를 느꼈다. 시신을 기증한 그 여자의 손끝에, 분명 사망 후에도 계속 자랐을 그녀의 다듬은 손톱에, 세련된 장밋빛 에나멜 매니큐어가 칠해져 있었던 것이다.

여자는 죽음을 불과 얼마 남겨놓지 않고 매니큐어를 칠했을 것이다. 마지막 칠이 미처 마를 새도 없이, 아즈라엘이 한 손에 검을 든 채 여자의 집 문을 두드리고 이토록 근사하게 손에 매

• 팔꿈치를 지나는 신경으로 프랑스어로 '작은 유대인petit juif'이라고 표현하기도 한다. 프랑스의 옷감 장수 거개가 유대인이던 시절에 팔뚝에 옷감을 둘둘 말아서 옷감의 치수를 쟀는데, 그 특유의 동작 때문에 계산대에 팔꿈치를 자주 찧었던 데에서 유래한 표현이다. 중세에 유럽 대륙에서 차별과 박해를 받던 유대인들은 대부분의 직업이 금지되었고, 그나마 가능했던 상업에 종사하면서 많은 유대인들이 옷감 장수가 되었다.

니큐어를 바른 그녀의 목숨을 거둬간 것만 같았다. 이 광경은 나를 혼란에 빠뜨렸다. 나는 물론, 당시에 형언할 수 없는 현실이, 명백한 사실이 불현듯 선명하게 드러났다고 생각한다. 하지만 우리 의과대 학생들은 그 해부된 시신들이 저마다 한 남자 혹은 한 여자의 삶을 이야기한다는 것을, 그러니까 어쩌다가 한 날에 의학의 발전에 이바지하고 또 손톱을 칠하기로 선택한, 생각과 행동으로 이루어진, 그야말로 복잡하고 파란만장한 한 삶을 이야기한다는 것을 표현하길 거부했다.

의과대의 이 해부실 안에서 생명과 죽음은 내가 일순 다르게 바라보았던 한 여자의 손가락 위에서, 손끝을 살짝 맞대고 있었다. 그 순간 내 머릿속에 누구나 아는 자명한 이치가 떠올랐다. 그것은 내가 보기에 일찍이 진술된 말들 가운데 가장 위대한 지혜이다. "죽기 오 분 전에 그녀는 여전히 살아 있었다."

이렇게 하나 마나 한 뻔한 말을 하는 것은, 최후의 순간까지, 심지어 죽음이 불가피할 때조차 생명을 완전히 빼앗기지 않는다는 사실을 인정하는 것이다. 생명은 우리가 소멸되기 직전에도 여전히 버티면서 끝까지 공존할 방법이 남아 있다고 질병을 설득하는 것처럼 보인다.

사실상 이 동거는 죽음이 와야만 이루어지는 것은 아니다. 우리가 사는 내내, 우리가 의식하지 못하는 사이에 생명과 죽음은 끊임없이 손을 맞잡고 춤을 춘다.

이 원무를, 같은 의과대 시절에 어느 책에서 보았다. 공교롭게도 그것 역시 손과 손의 생리학을 배울 때였다. 자궁 내 생명의 형성 단계를 배우는 배형성 수업에서, 나는 우리의 많은 신체 기관들처럼 우리 손가락도 세포의 죽음으로 형성된다는 사실을 알았다. 우리 손은 처음에 종려나무 형태로 완전하게, 손끝 사이에 아무 간격 없이 발달한다. 시간이 흘러서야 정상적인 발달 과정을 거쳐, 서로 결합하고 있던 세포들이 파괴되면서 손가락이 개별화되고 하나씩 벌어지는 것이다. 말하자면 우리 인체는 그 구성 요소들의 죽음으로 조각되는 것이다. 각 손끝만이 아니라 우리의 많은 체강體腔, 심장, 창자나 신경계통도 마찬가지다. 그들은 오로지 내부에 파인 공간 덕분에 제 기능을 수행한다. 기관들은 그 일부가 사멸한 덕분에 비로소 활동할 수 있는 것이다. 결국 우리는 생명 작용의 일환인 죽음에 생명을 빚진 셈이다.

생의 한가운데에서 죽음의 이 매혹적인 현상을 주로 연구한 사람이 있다. 연구자이자 독보적인 이야기꾼 장클로드 아마이젠•이다. 그는 세포 스스로 죽음을 선택하는 '아포토시스

• Jean-Claude Ameisen(1951~), 프랑스 의사·면역학자·생물학 연구자.

Apoptosis'라는 이 과정에 열광했다. 우리 인체에 예정되어 있는 이 죽음의 이름은 '위에서 떨어지다'라는 의미의 그리스어에서 유래한다. 그것은 또한 나뭇잎이 떨어지는, 가을이라는 계절을 가리키기도 한다.

이렇게 존재의 계절은 흐르고, 나무와 사람은 반드시 죽음이 그들을 방문해야만 계속 살아갈 수 있다. 봄은 '아포토시스'를 경험한 사람에게만 도래하고, 죽음에 그의 회생 가능성을 조각하도록 내맡긴다. 오늘날 암 연구에서 말하는 것도 이와 다르지 않다. 생명이 통제되지 않는 세포들, 죽음을 거부하고 거의 영원한 생명력을 얻은 세포들이 종양이 된다. 생명의 과잉은 우리에게 시한부를 선고하고, 죽음의 억제는 우리에게 치명적이다. 생명과 죽음이 서로 손을 마주 잡을 때라야 이야기는 계속될 수 있는 것이다.

나는 해부학, 생리학, 배형성을 공부했지만 의사도, 심지어 연구자도 되지 않았다. 나는 결국 다른 방식으로 살아 있는 자들과 함께하기로 선택했다. 랍비라는 나의 직업에서, 생물학과 생명과학이 내게 가르쳐준 모든 것은 다르게 번역된다. 그래서 인체에 대한 의학적 지식은 내가 전달하는 이야기들과 대화를 시작한다.

생물학은 나에게 죽음이 얼마나 우리의 생명에 속하는지 가르쳐주었다. 랍비라는 나의 직업은 우리가 반대의 경우 역시 온전히 진실이 되게 할 수 있다고, 즉 죽음에도 살아 있는 자들의 자리를 남길 수 있다고 날마다 일깨워준다. 그러기 위해서 우리는 살아 있는 자들의 이야기를 할 수 있어야 하고, 포르말린보다 더 강력하게 그들을 보존할 말을 찾을 수 있어야 한다. 나는 장례를 진행할 때마다 우리 안에 사라지지 않는 흔적을 남기고, 죽은 자에게서 살아 있는 자에게로 이어지는 이 이야기의 힘으로, 그 자리를 빛내고, 확장하려고 노력한다.

당신이 손에 잡은 이 책은 내가 들려줄 수 있었던 몇 가지 이야기들, 내가 경험해야 했거나 내가 함께할 수 있었던 삶과 애도들을 망라한다. 애도자들의 사생활을 전적으로 존중하기 위해서 일부 수정한 부분들이 있으나 그 외에는 전부 있는 그대로의 사실을 기반으로 가족들의 동의를 얻어 집필했다. 이 책에 수록된 이야기에 등장하거나 여기에 등장하지 않더라도 나와 함께했던 모든 남자들과 여자들에게 더없이 감사의 마음을 전하며, 그들의 옆에서 손을 맞잡았던 영광스러운 시간을 되새긴다.

엘자

살아 있는 자들의 집에서

"그럼, 얘기해주세요……!"

그녀는 매번 이 말로 상담을 시작했다. 자신의 환자들이 이렇게 이야기의 흐름을 이어가듯이 분석을 계속해나가도록 격려했다. 엘자 카야트•는 이야기에 열광했다. 이야기를 말하고, 이야기를 쓰고, 이야기를 들을 줄 알았다.

하지만 엘자는 이 이야기를 결코 듣지 못했다. 이 이야기는 엘

• Elsa Cayat(1960~2015). 프랑스 정신과의사이자 정신분석가, 풍자 주간지 「샤를리 에브도」의 칼럼니스트. 2015년 1월 7일 프랑스 파리에서 「샤를리 에브도」 본사를 습격한 이슬람 원리주의 성향의 테러리스트들에 의해 사망했다. 이 사건으로 엘자 카야트를 비롯한 여덟 명의 편집진과 경찰 관계자가 살해당했고, 코셔 식료품점에서 발생한 인질극으로 여러 유대인들이 희생당했다. 「샤를리 에브도」는 이슬람 창시자 마호메트에 대한 조롱과 풍자가 담긴 만평들로 프랑스 사회에서 언론과 표현의 자유에 대한 논쟁을 촉발했고, 이슬람 극단주의자들에게 수차례 테러 위협과 공격을 받았다.

자가 죽은 직후에 시작되니까. 나는 엘자에게 그녀의 죽음 이후 이야기를 간절히 들려주고 싶고, 가슴에 사무치는 우리의 슬픔을 말하고 싶고, 그녀가 이 맥락이 닿지 않는 이야기를 어떻게 분석했을지 상상하고 싶다.

2015년 1월 15일 목요일. 정오인데도 몽파르나스 묘지 입구에는 벌써 수많은 군중이 운집해 있다. 소리 없이. 목메어 나오지 않는 우리의 목소리는 나라 전체가 걸린 함구증을 대변한다. 우리가 말을 잃은 것은 팔 일 전이었다.

지난 수요일에 발생한 총기 난사 사건으로 시간이 찢기면서 그날의 기억도 엉겨붙었다. 우리 모두는 비보가 날아들었을 당시 어디에 있었고, 죽음이 중단시키기 전에 어떤 대화를 나누고 있었는지 정확히 기억한다.

엘자의 장례식을 얼마 남겨놓지 않고 '샤를리 정신분석가'의 장례식을 일면에 싣기 위해 기자들과 카메라들이 묘지 바깥에서 대기한다. 나는 엘자의 가족을 만나기 위해서 유명하거나 이름 모를 사람들 사이를 비집고 들어간다. 그러다가 재빨리 그녀에게 가족이 단연 여럿이었다는 사실을 깨닫는다. 혈육과 신문사 식구들, 환자들과 다수의 친구들, 그리고 그녀가 쓴 여러 권의 책을 매개로 맺어진 독자라는 가족. 이 묘지에는 편집진의 피, 어느 코셔• 식료품점 고객들의 피, 한 경찰관의 피, 그 흘러내린 피 속에 자신들의 운명을 연결한 고아들이, 양립할 수 없고 위로할 수 없는 사람들이 공존한다.

이 무덤들의 가장자리에 많은 사람들이 모였다. 아무래도 정신분석 상담은 불가능할 만큼 너무도 많은 사람들이. 어디서부터 이야기를 시작해야 할지, 우리에게 일어난 일과 아무래도 이해하지 못할 일을 어떻게 풀어가야 할지 막막하기만 하다. 프랑스어로 도무지 이해가 안 되는 상황에서 사람들은 더러 이런 기묘한 표현을 사용한다. "나한테는 그게 히브리어 같아!" 마치 이 생소한 언어가 개개인에게 다른 언어보다 조금 더 생소하고 조금 더 숙달할 수 없는 언어인 것처럼. 그럼 여기에서부터 시작해보는 건 어떨까? 히브리어로!

히브리어로 묘지는 일견 터무니없고 모순된 이름으로 불린다. '*베트 아하임Beit haH'ayim*', 이름하여 '생명의 집' 혹은 '살아 있는 자들의 집'이다. 이는 죽음을 부정하거나 죽음을 지우면서 죽음을 물리치려는 시도와 무관하다. 그것은 오히려 죽음을 언어 바깥에 놓으면서 죽음에 분명한 메시지를 보내는 것이다. 죽음이 아무리 그곳에 뻔히 존재한다고 해도, 그것이 그의 승리의

• Kosher. 유대교의 음식 율법을 따른 음식.

징표가 아님을 알리고, 절대, 이곳에서조차 그의 뜻대로 되지 않으리라고 단언하는 것이다.

유대인들은 「신명기」에서 신의 명령의 형태로 표명된 토라• 의 한 구절을 굉장히 중요하게 생각한다. "나는 너희 앞에 생명과 죽음을 내놓는다"고 주님은 말씀하신다. "너희는 생명을 택하여라!"•• 그래서 그들은 문자 그대로 계율을 지킨다는 사실을 증명하고자 모든 상황에서 생生을 소환한다.

"*레하임LeH'ayim*"(삶을 위하여!)이라고 그들은 건배할 때마다 질병을 조롱하며 외친다. 죽음이 툭 하면 그들의 문을 두드리고, 틈만 나면 그들의 이야기에 초대도 없이 불쑥 들어오려 해봐야 소용없다. 유대인들은 마치 죽음에게 문을 열어주지 않을 수도 있다는 듯이 고집스레 행동한다. 죽음에게 이렇게 말하는 방법이라도 있다는 듯이. "미안, 여기엔 아무도 없어. 나중에 다시 와!" 묘지에서조차 그들은 죽음을 내쫓고 이렇게 내뱉는다. "저리 꺼져."

이번에는 문법적인 다른 특징을 살펴보며 히브리어 수업을

• Torah. 율법서를 이르는 말. 모세오경인 「창세기」「출애굽기」「레위기」「민수기」「신명기」를 가리킨다.

•• [원주] 「신명기」 30:19.

이어가보자. 삶을 뜻하는 단어 '*하임H'ayim*'은 복수형이다. 히브리어로 삶은 단수형으로 존재하지 않는다. 이 언어는 우리에게 저마다 다른 여러 삶이 있고, 그 삶들은 연속된 것이 아니라 서로 얽혀 있다고 말한다. 마치 일생 서로 교차하다가 엉킨 부분이 풀려서야 비로소 명백히 드러나는 실들처럼. 히브리어로 우리의 삶은 태피스트리를 짠다. 우리가 우리의 이야기를 말하면서 매듭을 풀 수 있을 때까지.

"그럼, 얘기해주세요……!"

엘자 카야트는 자신과 마주치는 모든 사람들이 각자의 이야기를 말하며 매듭을 풀 수 있도록 격려했다. 엘자의 모든 글, 모든 기사, 혹은 그녀가 저술한 모든 책은 제각각 그녀가 다른 사람들을 위해서 풀려고 시도한 흔적을 간직한다. 그녀는 적어도 '카야트'라는 자신의 성이 히브리어와 아랍어로 '재단사'를 의미한다는 사실을 알았을까? 수세기 동안 유대인과 직물은 묘한 애정 관계를 이루었고, 많은 농담에 그 흔적이 남아 있다.

한 아버지가 자신의 아들에게 말한다.

"이제 네가 시앙스포, 하버드대, 에콜 폴리테크니크를 졸업했으니 선택할 시간이구나. 남성복을 지을래, 여성복을 지을래?"

아마도 엘자는 자기만의 방식으로 이 조상의 전통을 이어갔을 것이고 옷감을 한 땀 한 땀 손질하듯이, 글감들을 한 줄 한 줄 수정해나갔을 것이다.

그날, 몽파르나스에 분열된 국가를 껴안은 '살아 있는 자들의 집'에서 나는 엘자의 친지들을 찾았다. 그녀의 언니 베아트리체가 내 손을 잡고, 작게 무리 지어 있던 친밀한 사람들에게로 나를 데려갔다. 카야트 가족과 「샤를리 에브도」 동료들이 그 자리에 모여 있었다. 베아트리체는 그곳에서 그들을 위해 나를 이렇게 소개했는데, 그 말에 나는 움찔했다.

"이분은 델핀이라고 해요, 우리 랍비예요. 하지만 걱정 마세요, 세속적인 랍비니까!"

나는 할 말을 찾지 못해서 말없이 가만히 있었다. 농담이었을까? 나에 대해 뭔가 오해가 있었나? 도대체 내가 무슨 역할을 해야 하는 거지?

결국 나는 엘자의 언니가 그녀의 대화 상대들에게 세상 진지한 태도로 알리고 싶어 했던 것을 알아차리고, 그들을 안심시키려 하는 그녀의 시도를 충분히 이해했다.

카야트 가족의 무신론, 세속주의에 대한 엘자의 믿음과 그녀의 유명한 카우치(환자용 침상)•가 설치된 「샤를리 에브도」 정신

• 엘자 카야트는 「샤를리 에브도」에 격주로 '샤를리 카우치'라는 시평을 실었다.

에 대한 엘자의 지지가, 그날 내가 랍비로서 전달을 맡은 유대 전통의 말과 대화를 나눌 수 있어야 했다. 이 세상을 양립시키고 엘자의 삶을 이루는 모든 실들을 낱낱이 이어 묶어, 그녀의 복잡한 성질뿐 아니라 와해된 한 나라 전체의 복잡한 성질을 여기에서 드러낼 방법이 존재할 것이었다.

이 순간에 한 여자이자 동시에 지식인, 반종교주의자, 세파르디 유대인,• 프랑스 정신분석학자, 전투적 페미니스트, 자애로운 어머니, 허물없는 친구, 교양인, 수다쟁이였던 엘자의 수많은 삶들이 대화해야 했다. 그래야만 2015년 1월 프랑스에서 돌연 서로 더이상 할 말이 없다고 철석같이 믿게 된 모든 사람들이 그녀의 여러 삶을 통해서 말할 수 있었다.

우리가 서로 화해를 시도하기 위해서는 이 모든 목소리들이 양립할 수 있어야만 했다. 한 국가를 이루는 여러 조각들을 한꺼번에 전달할 수 있는 가능성 또한 이 순간에 걸려 있었기 때문이다.

그날 나는 「샤를리 에브도」의 생존자들 앞에서 조상의 전례문, 시편과 유대 기도를 낭송하면서 '세속적인 랍비'가 되지는 않았지만, 내가 언제나 '세속적인 랍비'였다는 사실을 깨달았다.

• 전 세계에 흩어져 사는 디아스포라 유대인은 그들이 살았던 지역에 따라서 스페인과 포르투갈계 유대인인 세파르딤(세파르디 유대인)과 독일계 유대인인 아슈케나짐(아슈케나지 유대인)으로 구분된다.

혹자가 터무니없다거나 비상식적이라고 여길 이 표현은 내 혀 끝에서 맴돌던 심원한 진실을 이야기했다.

프랑스의 세속주의는 신앙과 무신앙을 대립시키지 않는다. 세속주의는 신이 지켜본다고 믿는 사람들과, 신이 죽었다거나 발명되었다고 굳게 믿는 사람들을 가르지 않는다. 세속주의는 이런 것과 전혀 무관하다. 세속주의는 하늘이 비어 있다는 확신이나 하늘에 누군가 있다는 확신에 기반하지 않고, 결코 들어찬 적 없는 땅의 보호, 이 땅에 우리의 것에 속하지 않는 믿음을 위한 자리가 항상 남아 있다는 의식意識에 기반한다. 세속주의는 우리 삶의 공간이 결코 확신들로 채워지지 않는다고 말하면서 확실한 것들 사이에 항상 비어 있는 자리를 보장한다. 어떤 신앙이나 소속도 공간을 전유하지 못하게 한다는 점에서 세속주의는 그 나름대로 초월성이다. 세속주의는 그 안에 항상 나의 믿음보다 더 큰 영토가 존재한다고 주장한다. 그 영토는 그곳에 호흡하러 온 다른 사람의 믿음을 끌어안을 수 있다.

나는 유대교가 그 언어 안에, 이 생각에 공명하는 무언가를 간직한다고 종종 느꼈다. 유대인의 정체성 역시 공백 위에 세워진다. 유대인은 우선 개종으로 되는 것이 아니며, 그들이 단 하나의 진리를 쥐고 있다고 내세우지 않기 때문이다. 또한 유대인의 정체성을 구성하는 것이 무엇인지 표현하기 어렵기 때문이

기도 하다. 아무도 무엇이 유대인을 만드는지 진정 알지 못하고, 이른바 '좋은 유대인'을 만드는 것이 무엇인지는 더욱더 알지 못한다. 그것은 혈연, 관습, 믿음, 음식 문화로 만들어지는 걸까? 유대인의 정체성은 항상 사람들이 그것에 대해 할 수 있는 말을 넘어서고, 모든 가능성들을 제한하는 단 하나의 정의에 결코 갇히지 않는다.

다시 말해서 유대교는 항상 '나의' 유대교보다 더 크다. 그것은 나의 관념과 다른 관념을 위한 여유 공간을 확보하고, 따라서 무한한 초월성, 즉 다른 사람이 유대교에 대해 내릴 정의의 초월성을 보존한다.

유대교는 그 안에 엘자의 자리와 나의 자리를, 믿음이 없는 유대인과 랍비의 자리를 보장한다. 우리 중 누구도 더 적법하다고 주장할 수 없고, 누구도 다른 사람보다 '더' 유대인이라거나 '나은' 유대인이라고 자처할 수 없다.

결과적으로 나의 유대교에, 내가 만약 그의 유대교를 위한 자리를 마련하지 않는다면 나는 유대교를 완전히 왜곡하는 것이다. 유대교를 나의 정의나 그의 정의로 축소하는 것은 결국 유대교를 모독하는 꼴이다. 세속주의는 이 의식과 무관하지 않다.

나에게 '세속적인 랍비'의 의미란 바로 이런 것이다. 나의 믿음이 유대 전통 안에서와 마찬가지로 프랑스라는 국가 안에서 헤게모니를 결코 장악할 수 없으리라는 사실을 축복처럼 받아들이고, 하늘 아래 충분한 공간에서 각자가 호흡을 가다듬는다는 사실을 기뻐하는 것이다.

엘자의 언니는 나로 하여금 엘자의 곁에 있게 해주고, 생존한 '반反종교적' 편집진과 기도하게 해주고, 우리가 함께 다시 생명을 선택할 수 있으리라고 확언하게 해준 것을 단 두 단어로 표현해냈다. 내가 과연 그것보다 잘 표현할 수 있었을까? 나는 그녀에게 영원토록 감사할 것이다.

엘자의 언니 덕분에 나는 내가 어떤 이야기를 들려줘야 하는지, 어떤 말들을 서로 이어 묶어야 엘자의 삶들이었던 것을 내 전통의 언어로 환기할 수 있는지 알았다. 나는 내 선조들을, 그러니까 2015년 1월 15일의 역사를 거울처럼 비추는 선조들의 이야기를 파리의 한 묘지로 불러내야 했다. 그리고 우리가 『탈무드』 속에서, 훨씬 일찍이 시작되었고 공유되기를 참을성 있게 기다리고 있던 조상의 대화를 이어가야 한다는 사실을 깨달았다.

이 대화는 약 18세기 전에 예루살렘과 그리 멀지 않은 야브네라는 작은 마을에서 시작된다. 랍비 엘리에제르와 랍비 여호수아 그리고 그들의 율법학교 학생들 등 여러 현자들이 대화에 참여했다. 그때부터 여러 세대의 독자들이 함께 논쟁을 이어갔다.

토론의 발단은 한 물건이었다. 그것은 돌들을 층층이 쌓아올리고 그사이에 모래를 채워놓은 화덕이었다. 이 도구의 구조 때문에 현자들은 유대법에 따른 지위를 규정해야 했다. 문제의 화덕은 의례상 부정한가 아니면 정결한가? 그 화덕을 어떤 상황에서든 사용할 수 있는가? 문제는 사소해 보일 수 있으나 『탈무드』에서 현자들이 벌인 토론은 꽤 실제적인 문제들을 다루고, 그들에게 율법적이면서 상징적인 함의를 갖는다.

화덕에 관한 이 문제를 놓고 랍비 엘리에제르와 그의 동료들은 의견이 엇갈렸다. 랍비 엘리에제르는 그의 동료들과 달리 화덕이 정결하다고 선언하면서 덧붙여 말했다.

"만일 내가 옳다면 이 나무가 그것을 증명해 보이리라."

그 즉시 나무는 뿌리째 뽑혀서 그곳에서 수백 미터 떨어진 곳에 다시 심어졌다. 그러나 율법학교의 랍비들은 이 기적 같은 현상에 시큰둥해하며 그에게 반문했다.

"그런데요? 한갓 나무 한 그루가 무엇을 증명할 수 있답니까?"

랍비 엘리에제르는 뜻을 굽히지 않고 계속 말했다.

"만일 내가 옳다면 이 하천이 그것을 증명해 보이리라."

그 즉시 그곳에서 흐르던 강물이 흐름을 멈추고 거슬러 흘렀다. 하지만 랍비 엘리에제르의 동료들은 이 기적에 일말의 가치도 부여하려 하지 않으면서 한사코 그들의 의견이 맞다고 주장했다.

엘리에제르는 자신의 경이로운 증명을 이어갔다.

"만일 내가 옳다면," 그는 외쳤다. "학교 벽들이 나를 위해 기울어지리라!"

그 순간 벽들이 흔들리면서 현자들을 으스러뜨릴 듯 위협하며 그들 위로 서서히 내려앉았다. 그러자 현자들은 벽들에 대고 이렇게 큰소리쳤다.

"너희가 웬 참견이냐? 현자들끼리 토론하는 일에 함부로 관여하지 마라."

내려앉던 벽들이 랍비 엘리에제르에 대한 경의와 그의 동료들에 대한 존경을 표하기 위하여 움직임을 멈추고 그대로 굳어서 지금껏 기울어진 채로 남아 있다.

논거가 바닥나자 나이 든 현자는 또렷한 목소리로 말했다.

"내가 옳고 내 의견이 맞다면 하늘의 목소리가 그것을 증명해 보이리라."

그 즉시 신의 말씀이 울려퍼지며 오해의 여지없이 그에게 힘을 실어주었다.

"랍비 엘리에제르의 의견이 율법에 부합한다."

그러자 그때껏 잠자코 있던 랍비 여호수아가 일어서서는 주님에게 대뜸 말했다.

"토라는 하늘 위에 있는 것이 아닙니다."

그는 하느님에게 직접 호소한 것이었다. 시나이산에서 우리에게 율법을 주셨다는 사실을 기억하십시오. 이제 그것은 우리의 손안에 있지, 당신의 손안에 있지 않습니다. 그러므로 율법을 해석할 책임도 우리에게 있는 것이고, 어떤 기적이나 초자연적인 현상도, 다수가 표현한 것인 한 현자들의 의견을 무효화할 수 없을 것입니다.

『탈무드』에서 이 에피소드는 하느님이 웃으며 이렇게 말하는 것으로 끝난다.

"내 아들들이 나를 이겼구나, 내 아들들이 나를 이겼어."•

전통적 종교 사상에서라면 그야말로 벼락 맞을 일이다. 어디 『탈무드』의 랍비들이 한낱 전승을 통해서 힘의 이른바 위계를 뒤엎고 초월적 권위에 대한 복종을 문제 삼을 수 있단 말인가? 하지만 랍비들로서는 주님이 그들에게 율법을 위임했으니 율법에 대한 해석은 마땅히 그들의 소관인 것이고, 그 해석은 심지어 하느님의 생각 자체를 거스르는 해석마저 포괄하는 것이다. 하느님이 그들에게 부여한 이 힘은 결국 그분이 스스로 포기한 것이기 때문에 역사에서 더이상 그분의 개입을 정당화하지 못

• [원주] 『바빌로니아 탈무드』, 「바바 메치아」 59b를 고쳐 씀.

한다. "너무 늦었다"고 그들은 말한다. 세계 질서의 어떤 변화도, 어떤 기적적인 현상도, 당신께서 사람들에게 부여한 힘을 그들에게서 빼앗을 수 없을 거라고.

이것이 서기 2세기에 한 평범한 조리 기구를 둘러싸고 랍비들이 신학적 혁명을 모의한 방식이다. 그들은 신의 율법이 하느님에게 거리를 두게 한다고 선언한다. 그들은 심지어 신이 이렇게 매몰차게 퇴짜 맞는 것을 기뻐한다고 상상하기까지 한다. 마치 아버지가 당신에게 체스를 배운 아들과의 시합에서 패배한 것처럼. 그분은 진 것을 즐거워하며 "체크메이트"• 하고 외친다. 야브네에서 『탈무드』의 랍비들은 유머가 넘치는 신, 웃으며 역사에서 물러날 준비가 된 신, 토론하는 인간들을 위하여 사라질 준비가 된 신을 열망한다.

그들은 여기서 문자 그대로의 의미로 무-신론의 형태인 종교적 사상을, 하느님이 개입하지 않고 그래서 논쟁이 일어날 때 인간의 결정이 중시되는 세상을 창조한다. "*하늘에 계신 우리 아버지, 그곳에 머무소서, 우리는 이따금 아주 근사한 이 땅에 머물겠나이다*"••라고 20세기에 프랑스 시인 프레베르는 썼다.

• 체스는 체크메이트가 되면 지는 게임으로, 체크메이트를 당한 쪽이 스스로 패배를 인정해야 한다.

•• 프랑스 시인 자크 프레베르의 시 「주기도문Pater noster」에서.

현자들은 진즉 그것을 선언했던 셈이다.

물론 이 랍비들을 '비-신자'라는 의미에서 무신론자로 만드는 것은 그릇된 태도일 것이다. 그들은 신에게 그들의 삶을 바친 자들이고, 신은 그들에게 거룩한 사명, 즉 그분의 율법을 해석하고 그분의 창조물의 동반자가 되는 사명을 맡기셨다.

게다가 그들의 토론 배경은 결코 가볍지 않다. 그들의 대화-혁명은 예루살렘 성전이 파괴되고 수십 년 후에, 세상에서 신의 존재에 대하여 그들이 그때껏 품어왔던 생각을 새롭게 바꾸어야 하는 바로 그 순간에 이루어진다. 또한 그들은 한 사람•이 나타나, 이른바 병자들을 고치고 죽은 자들을 살리는 기적을 행할 수 있다고 주장하며 이 지역을 횡단한 지 기껏해야 수십 년이 되지 않은 시기에 산다. 이러한 배경에서 아무리 기적이 일어난다고 해도, 그것이 사람들의 토론이 아닌 한 단연코 아무것도 증명하지 않는다고 주장하며, 그들이 자신들의 힘을 굳히려고 애쓰는 것도 전혀 놀랍지 않다.

하지만 전해져 내려온 이 이야기가 어떤 역사적 맥락을 갖고 있든, 이야기를 접한 모든 시대의 독자들은 자신들이 가진 신에

• 예수에 대한 관점에서 유대교와 이슬람교, 기독교는 큰 차이를 보인다. 유대교와 이슬람교는 예수를 선지자 중 한 사람으로 간주하는 반면, 기독교는 삼위일체설에 입각해서 하느님의 아들이자 신이라고 믿으며 예수를 메시아로 인정한다.

대한 이미지를 새롭게 바라보게 된다. 그것은 맥없이 웃는 신을, 현자들이 그분에게 거리를 두라고 명령할 때조차 그들의 배짱에 기뻐하는 신을 생각하게끔 한다.

나는 이러한 신이, 「샤를리 에브도」가 아무리 뻔뻔한 만평을 실었다고 해서 그것에 노여워하거나 어느 당돌한 정신분석자가 자신을 마구 무시하는 시평을 썼다고 불쾌해하리라 상상하기 어렵다.

게다가 이 발칙한 편집진이 본의 아니게 그들이 절대 자처할 리 없을 탈무드식 배짱의 계승자라는 생각에 미소를 금할 수 없다. 그들은 『탈무드』의 하느님이 당신의 방식대로 얼마나 '멍청이들에게 사랑받는 것은 힘든지'•에 대해 말한다는 것을 알았을까?

나는 엘자의 친구들이 하나같이 나에게 털어놓던 그녀의 웃음과 그녀를 침묵시킨 자들의 어리석음을 생각한다.

살인자들은 그들이 저지른 살인 행위의 가당찮은 모순을 알아차렸을까? 앙갚음을 요구하고 무시당한 것에 분통을 터뜨리는 신에 대한 그들의 믿음이야말로 이루 말할 수 없는 신성모독

• 2006년 2월 8일 자 「샤를리 에브도」에 "멍청이들에게 사랑받는 것은 힘들어"라고 말하는 마호메트의 캐리커처 만평이 게재되었다.

이다. 어떤 '위대한' 신이 이토록 옹색하게 '초라해져서' 인간이 당신의 체면을 세워주길 요구한단 말인가? 신이 모욕을 당해서 노여워한다고 생각하는 것이야말로 크나큰 모독이 아닐까? 유머러스한 신은 위대하다. 유머감각이 떨어지는 그분은 몹시 졸렬하다.

이것이 내가 2015년 1월 그날에 파리의 한 묘지에 있던 모든 사람들에게 했던 말이다. 그곳에 모인 사람들은 모두 하느님 혹은 인간의 웃음이 가진 위대함을 믿었다. 이것이 그날 아침 몽파르나스에서 우리가 함께 울고, 우리의 슬픔을 토로하고, 우리의 절망 속에서 유머를 입증할 수 있었던 방식이다.

엘자의 무덤 위에는 '자유, 평등, 박애'가 새겨졌고 이 공화국의 3대 정신 아래에서 이제 그녀는 안식한다. 꽤 오랫동안 내가 발췌한 『탈무드』 인용문이 무덤 위에 놓여 있었다. 그 후에 이름 모를 사람이 바인더용 비닐 내지에 인용문을 넣고 그 위에 돌멩이를 올려두었다. 결국 그것은 사라졌다.

나는 몽파르나스 묘지에 갈 때마다 엘자의 무덤을 찾는다. 엘자의 무덤은 측면 오솔길 근처에 일종의 금속 아치 형상 바로 옆에 있어서 어렵지 않게 찾을 수 있다. 전통에 따라 나는 그곳에 조약돌을 올려놓는다. 시간이 흘러 작은 돌들은 쌓이면서 지나간 세월을 이야기한다.

유대인들은 무덤을 꽃으로 장식하는 일에 익숙하지 않은 대신, 매우 상징적인 이 작은 돌들을 무덤 위에 올려놓는다. 사람들은 대부분 그 의미를 알지 못한다.

오래전에 죽은 자들을 길가나 들판에 매장할 때, 그곳을 여행하는 사람들과 특히 '코헨'[•]이라고 불리는 계급의 일원에게 반드시 무덤이 있다는 사실을 알려야 했다. 이 제사장 가문의 후손들은 『성서』의 율법에 따라 주검에 접근하는 것이 금지된다. 죽음과 접하면 부정을 탈 것이고 성전의 사제로서 그들의 소임을 다할 수 없게 되리라는 것이다. 결국 무덤 위에 놓인 돌멩이들은 지나가는 이 코헨들에게 장소에서 멀리 떨어지라고 알리는 표지였던 것이다.

폐쇄적인 묘지의 발달과 더불어 조약돌의 전통은 이어졌지만, 거기에 더욱 상징적인 다른 의미들이 접목되었다. 꽃이 시드는 것과 달리 조약돌은 머무르며 기억의 힘을 말한다. 조약돌은 살아남은 자들의 삶에서 죽은 자들이 차지하는 변치 않는 자리를 이야기한다.

게다가 조약돌은 히브리어로 특별한 이름이 있는데, 그 이름에는 강력한 상징적 가치를 지닌 청각 이미지가 감추어져 있다.

• Cohen. 제사장 혹은 아론의 자손을 말한다.

조약돌은 '에벤*Ebben*'이라고 일컬어진다. 이 단어를 쪼개면, 하나로 합쳐진 듯 보이는 두 단어 '아브*ab*'와 '벤*ben*', 즉 '부모'와 '자식'이 드러난다.

무덤 위에 조약돌을 올려놓는 것은 결국 무덤에 안식하는 사람에게 우리가 그의 유산에 포함된다고, 그의 이야기를 연장하는 잇따르는 세대들에 속한다고 선언하는 것이다. 돌멩이는 실제건 허구건 간에 언제나 진정한 계보를 말해준다.

2015년 1월의 아이들은 어떤 변치 않는 흔적을 그들 안에 간직할까? 우리는 그날 어떤 유산을 어깨에 짊어졌을까? 아직 그것을 말하기에는 너무 이르다. 이 사건들로 인해 우리는 고아가 되었고, 떠난 자들에게 진 빚을 모두 이해하기까지는 오랜 시간이 걸릴 것이다.

가끔 나는 이 아이들 중 한 사람과 그녀의 슬픔을 떠올린다.

2015년 1월 15일 그날, 그녀의 실루엣이 눈앞에 선하다. 검은 머리칼에 높은 구두를 신고, 같은 색깔의 모피 외투로 몸을 감싼 모습이 흡사 헐리우드 배우 같았던 매우 우아한 젊은 여성. 그날 아침 그녀는 각각의 액세서리들을, 복장의 각 요소들을 세심하게 골랐을 것이다. 마치 자신의 슬픔을 덮기 위해서 귀부인의 의상으로 꾸민 소녀처럼.

엘자의 딸은 자신의 어머니의 관이 구덩이에 내려갈 때 내 오른쪽에 서 있었다. 우리는 나란히 서서 애도자들의 기도인 '카디시'를 낭송하고 한 줌의 흙을 무덤에 뿌렸다. 그때 그녀는 나를 돌아보고 오열을 터뜨리며 말했다. "그럼, 다 끝난 건가요? 엄마는 이제 돌아오지 않으시나요?"

이 국가적 비극과 집단적 애도 한가운데에서 수백만 명의 사람들이 대국민 시위에 참여하고 전 세계의 국가 지도자들이 파리로 걸음할 때, 우리는 어쩌면 중요한 것을 망각했을지 모른다. 딸에게 그녀의 어머니가 영원히 떠났다고 설명하는 것을. 집단적 애도나 국가적 애도 속에서 희생자의 가족과 친지 들은 항상 무언가를 빼앗긴다. 그것은 그들이 어느 정도 요구할 권리가 있는 것, 우리가 서로 다르게 정의하는 고통의 인정과 진실의 발화다.

나는 엘자의 딸에게 말했다. 엘자는 돌아오지 않을 거라고, 하지만 엘자는 우리 곁에 항상 있다고. '나는 내가 결심한 사람이 될 거예요'라고 사람들에게 약속하는 듯한 아이가 입은 이 세련된 외투 속에, 엘자 덕분에 다른 이야기들을 말할 수 있었을 환자들의 무의식 속에, 슬픔을 달랠 수는 없지만 유머를 잃지 않고 죽음이 승리하도록 내버려두지 않을 친구들의 폭소 속에.

2015년 1월 15일 묘지를 나오면서 나는 「샤를리 에브도」의 편집진 중 한 사람이었던 만화가 쥘[•]을 만났다. 그는 내 팔을 붙잡고 한쪽 눈을 찡긋하며 내게 귓속말을 했다.

"혹시라도 테러가 계속되면 제 장례식은 당신이 맡아주세요. 당신이라면 제 어머니께서 크게 기뻐하실 테니까요……."

그 순간 '살아 있는 자들의 집'에서, 우리의 흐느낌 사이로 엘자의 강한 웃음소리가 귓가에 울리는 것 같았다.

• 본명 쥘리앵 베르조Julien Berjeaut(1974~). 「샤를리 에브도」에 정기적으로 르포 만화를 연재했다.

마르크

돌아온 자들의 옷

"엘자는 돌아오지 않을 거야."

나는 그녀의 딸에게 말했다. 하지만 내가 틀렸다.

2017년 6월 「샤를리 에브도」 테러 사건이 발생하고 이 년 반이 지난 어느 날, 한 가족에게서 전화가 걸려왔다. 그들은 식구 한 명을 막 떠나보낸 참이었다. 마르크는 쉰아홉 살이었고 부모님과 배우자와 아들을 남기고 세상을 떠났다. 그들을 통해서 나는 명석하고 아직 앞날이 창창했던 남자를 발견하고, 그들의 곁에서 그와 함께하기로 했다.

유족들을 만나고 장례를 준비하는 일은 거룩한 순간이다. 그 일에 대해서 구구하게 쓴다 싶을 수도 있다. 하지만 사랑하던 사람과 헤어진 사람들 곁에서 보내는 이 몇 시간 혹은 며칠은 히브리어가 나지막이 말하듯이 '거룩한' 시간을 이룬다. 히브리어로 '거룩한'을 의미하는 단어 '카도시*kadosh*'는 문자 그대로 '구별되는'이란 뜻이다. 사랑하는 사람의 죽음은 살아남은 사람들을 구별되는 시간 속으로 몰아넣는다. 죽음이 시간의 선형성線形性을 중단시키는 것이다.

유대 전통에 따르면 사람이 죽어서 매장되는 순간까지• 고인의 시신 가까이에 초를 켜두어야 한다. 여기서 초는 아직 살아있는 영혼의 존재를 상징한다. 이 제의祭儀는 심오한 진실을 표명하는데, 그것은 우리를 떠난 자의 생명에서 무언가 이 며칠 동안 눈부시게 작열한다는 것이다. 그때, 떠나는 생명은 특별한 방식으로 빛나고, 그래서 그의 곁을 지키는 모든 사람들이 빛을 감지한다. 이 빛은 세상을 밝게 비출 수도 있고, 빛을 통해서 이제껏 완연한 어둠 속에 머물러 있던 것을 볼 수도 있다.

그 때문에 이 '시간을 초월한' 순간에 유족과의 대화가 결정적인 것이다. 나는 랍비로서 아주 짧은 시간 동안 고인의 친지들이 하는 말과 행동, 그들의 이야기와 침묵을 통해서 이 빛을 식별하고자 애쓴다. 이 빛이 무엇을 드러내야 하는지, 무엇을 밝히는지, 어떤 그림자를 내포하는지, 어떻게 흔들리는지 파악해야

• 유대인의 애도 기간은 고인의 사망일부터 매장 전까지 기간인 '아니누트aninut'과 매장 후 기간인 '아벨루트avelut'으로 구분된다.

한다.

어떤 사람들은 이 글에서 종교의례에 치중하는 모종의 편협한 신앙심이나 주술적 사고를 읽을 수도 있다. 그러나 내가 여기에서 말하는 것은 영혼의 불멸성에 대한 믿음도, 죽음 이후의 삶도 아닌, 매우 구체적이고 이성적인 어떤 의식意識이다. 그 의식이란 고인들을 저버리지 않고 그들을 이야기한다는 조건하에서, 동반의 제의를 통해 고인들의 삶이 운명으로 변한다는 것이다.

소설가 앙드레 말로는 어느 유명한 인용문에서 "죽음의 비극은 죽음이 삶을 운명으로 바꾸어놓는 데 있다"라고 단언했다.• 죽음은 말과 의식儀式 덕분에, 분명 이 힘을 가진다. 마치 숨이 넘어가는 순간에 기초가 세워지는 기념물처럼, 죽음은 삶을 구축하는 이야기를 만든다. 하지만 말로가 암시하는 것과 반대로, 이 거룩한 순간에 비극을 소환할 필요는 없어 보인다. 우리는 우리 눈앞에 세워지기 시작하는 기념물을 다르게 생각할 수도 있다.

삶을 운명으로 바꾸는 다른 많은 방법들이 존재한다. 어쨌거나 때가 되지 않아서, 우리가 의식적으로 생각지도 못하는 시점에 죽음이 불시에 발생하거나 이별이 휩쓸고 지나가면서 모든

• 앙드레 말로, 『희망*L'Espoir*』(1937)에서.

것을 무너뜨리면, 죽음은 대체로 비극이긴 하다……. 하지만 죽음이 삶의 이야기를 몽땅 차지하지 못하게 할 방법이 존재한다. 생애 전체가 그 생의 결말로 축소되어서는 안 됨에도 불구하고 갑작스러운 죽음에 강탈당하는 일이 얼마나 비일비재한가.

삶을 결코 그 삶의 끝으로 이야기하지 않고, 살면서 '끝없이' 계속되리라 여겨지던 모든 것으로 이야기하는 것.

더이상 존재하지 않을 것을 말하기 전에, 존재했고 존재할 수 있었을 모든 것을 말할 줄 아는 것.

나는 미셸 르클레르 감독Michel Leclerc의 코미디 영화 〈사람들의 이름le Nom des gens〉(2010)의 한 장면을 떠올린다. 강제수용소를 겪은 유대인의 후손인 주인공은 자신의 중학교에서 수용소에서 희생당한 아이들의 추모 명판을 설치하는 모습을 지켜본다. 선생님이 이 기념식의 의미를 설명할 때 소년의 서슴없는 발언에 그의 학급 친구들 모두가 아연실색한다.

"제가 살해당했다고 치면, 살해당한다는 게 얼마나 끔찍한지 매일같이 떠올리게 하는 이 앞을 지나면서 과연 즐거울지 모르겠어요. 그럴 바에는 아이들이 처음 샹티 크림(휘핑 크림)을 맛본 날을 기념하는 게 낫지 않나요? 명판에는 이렇게 써두는 거죠. '이 학교에서 아이들이 처음 샹티 크림을 맛보았다'라고요. 걔네들은 그걸 더 좋아할 거 같은데."

소년의 지적에 그의 선생님은 화를 낼 뿐, 이 도발이 깊이 생각할 만한 흥미로운 진실을 말한다는 사실을 이해하지 못한다. 그것은 우리를 떠난 사람들의 삶을 이야기하는 수많은 방법이 존재한다는 것이다. 심지어 그들의 죽음이 훨씬 비극적일지라도 말이다. 어쩌면 우리는 우리의 기억을 그들의 복잡한 생애에 충실하게 남겨둬야 하지 않을까. 그들의 생애는 결코 절명絕命의 비극으로 요약되지 않는다.

나는 자주 생각한다. 우리의 장례식 날에 우리의 삶이 비극의 형식과는 다르게 이야기될 수 있고, 우리가 다른 어휘와 다른 상황의 언어로 회상될 수 있기를, 그리고 우리의 삶 역시 스릴러, 로맨스 시리즈, 신화, 심지어 대중적인 코미디 영화처럼 간주될 수 있기를, 내가 사랑하는 사람들 역시 그렇게 되기를 바란다. 우리의 장례식에서 우리가 우리의 죽음으로 요약되지 않고, 그래서 우리가 살아생전에 얼마나 살아 있었는지를 느낄 수 있다면 얼마나 좋을까?

장례식에서 말이 삶을 빗나가거나 장례 집전자가 상황에 맞지 않는 언어로 장례를 완전히 그르치는 경우가 일어나기도 한다. 내게도 그 일이 일어났다. 나는 내가 동반했던 한 사람에 대한 헌사를 그야말로 '망쳤다'고 느낀 적이 있다. 나는 그의 생애에서 가장 두드러진 요소들을 알아보지 못했거나 알 수 없었다.

그의 형제자매가 며칠 일찍 장례식을 준비하러 오긴 했었다. 하지만 그들은 내가 던지는 질문들에 대답할 때마다 진땀을 뺐다. 마치 그가 지닌 인격의 온 측면이 모조리 그들에게서 달음질친 듯이, 마치 최후까지 그가 그들에게 낯설게 남은 듯이.

"그분이 특별히 좋아하던 게 있었나요?"

"우리가 알기로는 별로 없었어요."

"그분한테 정말 중요했던 사람들은 누구였죠?"

"글쎄요."

"그분한테 꿈은 있었나요?"

"우리가 아는 한 꿈이랄 것까진 없었는데요."

나는 이 모든 질문에 대한 대답을 장례식이 진행되는 동안에야 받았다. 그러니까 너무 늦게 받은 것이었다. 우리가 함께했던 남자는 열정적으로 사랑받은 사람이었다. 그의 혈육은 몰랐지만, 장례식에 모인 고인의 친구들과 그를 사랑했던 사람들의 증언을 통해 그 사실을 알 수 있었다. 그들이 내게 와서 말해주지 않았을 뿐, 그들이야말로 남자가 일군 진정한 가족이었고, 꿈을 털어놓았던 사람들이었다.

이 남자는 완전히 분할된 삶을 살았고, 그로 인해 남자의 혈육은 그를 파악하지 못했다. 그리고 그의 장례식 날 나는 무지와 좌절된 만남의 대변인이자 일어나지 못한 만남의 증인이 되었다. 묘지에서 이 불발을 어떻게든 계산에 넣어야 했다. 그러니까 어떤 사람이 자기 삶에서 사람들을 구분하기 위해 세워놓은 칸막이를 부정하지 않되, 보이지 않는 벽 저편의 목소리를 듣고 내가 알지 못했던 모든 것을 듣기 위해서 귀를 기울여야 한다는 사실을 간과해서는 안 되었다.

마르크의 장례식에서는 이런 일이 조금도 일어나지 않았다. 마르크는 중요했던 모든 사람들 간의 유대를 맺을 줄 아는 사람이었다. 게다가 다수의 사람들이 그날 그의 인간애를 이야기했다. 그가 살아생전에 얼마나 사랑이 많은 사람이었는지 실감했다. 의학과 타인을 치료하는 일에 대한 사랑, 글쓰기와 가족에 대한 사랑, 친구뿐 아니라 그가 강한 유대감과 친밀감을 가졌던 모든 사람들에 대한 사랑. 이 우정들 가운데 하나가 마침 수면 위로 떠올라서 나는 그에게 발언을 넘길 수밖에 없었다.

마르크의 장례식 전날에 그의 추도사를 쓰고 있을 때였다. 나는 그의 가족에게서 마지막 메시지를 받았다.

그들은 단지 우리의 대화에 어떤 세부적인 사항을, 그들이 깜빡 잊고 나와 나누지 못한 어떤 일화를 보태고 싶었던 것이었다. 나는 마르크가 "몇 달 동안 그에게 굉장히 중요했던 편지 교환"을 이어갔다는 사실을 알게 되었다. 그는 「샤를리 에브도」 테러 사건 당시 살해당한 정신분석자 엘자 카야트와 이메일을 주고받았고, 그들은 함께 그 이메일들을 책으로 묶어 출간할 계획이었다. 마르크의 가족이 보낸 메시지에는 2015년에 중단된 그들의 대화 사본이 첨부되어 있었다.

나는 엘자가 돌아오지 않을 거라고 생각했다. 내가 틀렸었다. 어느 날 저녁 그녀는 돌아와서 자신의 방식으로 내 문 혹은 컴퓨터 스크린을 두드리고, 내 정신에 들러붙어 글 쓰는 일을 도왔다. 나는 첨부 파일을 열었다.

이슥한 시간에 읽게 될 글을 생각하니 온몸이 오싹했다. 내가 과연 그것을 읽어도 되는 걸까. 마르크와 엘자는 2014년, 엘자가 사망하기 전 마지막 한 해 동안 정말로 수많은 이메일을 교환했다.

나는 이 메시지들에 담겨 있던 약간의 내용을 공유하는 일이 그들을 저버리는 행위라고 생각하지 않는다. 그 메시지들은 출간될 예정이었으니까. 마르크는 편지 속에 자신의 기억들을 꺼내놓으며 그 기억들을 반추했고, 엘자는 그에게 자신의 정신분석 경험을 회신했다. 둘은 함께 글쓰기의 테마를, 언젠가 그들의 책의 주제가 될 탐구 대상을 마침내 선택했다.

2014년 내내 이 두 사람이 결국 이야기하기로 결정한 것은 바로 죽음이었다. 물론 그들 중 어느 누구도 죽음이 이토록 빨리 그 둘을 연달아 찾아오리라고는 예상하지 못했다.

이렇게 해서 2017년 어느 여름밤에 유령이 깃든 한 원고가, 두 사람이 주고받은 대화가 내게 이메일로 오게 된 것이다. 그들은 사후에 그들의 장례를 맡은 랍비가 첫 독자가 되리라고 짐작조차 하지 못했을 것이다.

나는 그들의 죽음을 회상하면서, 마치 그들이 자신들의 추도사에서 내보이고 싶었던 요소들을 내게 건넨 것만 같았다. 혹시 내가 그 요소들을 '만나도록' 이끈 것은 아니었을까. 지금껏 단 한 번도 유령들에게 편지를 받은 적이 없었을 뿐 아니라 이메일은 더더욱 받아본 적이 없었다. 이렇게 돌아온 자들은 이따금 불쑥 나타난다.

돌아온 자들, 사람들은 유령을 이렇게 부르곤 한다. 그들이 악착같이 하는 일이 바로 돌아오는 거니까. 그들은 돌아온다. 사람들이 그들을 보고 마침내 그들에 대해 말하는 것을 받아들일 때까지.

그렇다면 그들이 돌아오는 장소로 돌아가보자.

아이들이라면 유령 놀이를 하게 마련이다. 어릴 적에 나는 할머니, 할아버지 댁 거실 커튼 뒤에 골백번도 더 숨어서 커튼 자락을 흔들어대며 우우우우우우우, 하고 으스스한 소리를 내곤 했다. 우리가 어린 시절에 본 영화나 만화 속에서, 그들은 한결

같이 하얀 천을 둘러쓰고 떠돌아다니는 형상으로 묘사된다. 그러나 이 이미지의 유래와 그 상징성은 대개 대중문화를 넘어선다. 유령의 하얀 옷은 사실상 전통적 유대 제의에서 시신을 감싸는 수의를 무의식적으로 차용한 것이다.

유대교에서 고인은 외출복이나 '나들이옷' 차림으로 장례를 치르지 않는다. 고인을 매장하기 전에 시신을 닦고, 정결하게 씻기고, 튜닉 형태의 하얀 수의를 입힌 상태로 그를 땅에 묻는다. 이 옷차림은 『성서』에서 언급되는 다른 복장을 상징적으로 재현한 것이다. 그것은 이천 년도 더 전에 예루살렘 성전에서 대제사장(코헨)이 제사를 집전할 때 입던 예복이다.

토라는 대제사장이 제단에서 창조주를 대면할 준비가 되었을 때, 어떻게 속죄하고 목욕재계하고 예복을 입었는지 구체적으로 묘사한다. 성전에서 코헨은 신에 가장 가까이 접근할 수 있는 사람이자 지성소至聖所•에 들어갈 수 있는 권리, 즉 보이지 않는 하느님 앞에 설 권리가 있는 유일한 사람이었다. 유대 전통에서 모든 사람은 매장되는 날에 저마다 사제와 똑같은 역할을 맡는다. 그 역시 신을 만날 준비가 되면 물로 씻기고, 같은 표장標章으로 장식된다. 시신은 사제의 복장이 갖춘 모든 요소를 재

• 성막의 가장 안쪽에 휘장으로 성소와 구분되어 있는 장소. 하느님이 인간에게 나타남을 상징하는 언약궤가 안치되어 있다. 대제사장만이 일 년에 한 번 속죄일에 그곳에 들어갈 수 있다.

현한 수의로 에워싸인다. 땅에 묻히는 자는 모두 떠나는 날에 대제사장인 셈이다. 그는 대제사장과 똑같은 대면을 준비한다.

우리 어릴 적의 유령들은 우리의 집단기억에 들러붙은, 제사 지내는 고대 성직자를 모방한 것이다. 그들은 이 제례祭禮를 재현한다……. 딱 한 가지를 제외하고.

유대 전통에서 죽은 자들의 채비를 매듭짓는 마지막 사항이 있다. 바로 수의의 가장자리를 꿰매야 한다는 것이다. 이렇게 끝맺음이 되면 시신은 곧장 매장될 준비를 한다. 죽은 자들의 옷을 꿰매는 바느질이 그들의 떠남에 도장을 찍는 것이다.

장례 준비의 이 마지막 단계가 일부 유대인 가족들의 일상에 뜻밖의 영향을 미친다. 그게 우리 집의 경우다. 내가 어렸을 때 단추를 잃어버리거나 옷의 가장자리가 뜯기기라도 하면, 뜯어진 부분을 재빨리 다시 꿰매거나 바늘땀을 떠서 뜯어진 천을 기워야 했다. 그래서 나의 어머니는 내게 어처구니없지만 언뜻 유희적인 지시를 내리셨다. 옷이 수선되는 동안 반드시 활기차게, 턱을 부려 과장되게 움직여서 씹는 체해야 하는 것이었다. 겉보기에 시시하지만 실제로는 드라마틱한 이 명령이 어떤 미신 때문이었는지 이해하기까지 오랜 세월이 걸렸다. 그 미신은 살아 있는 자가 입은 옷을 꿰매서는 안 된다는 금기를 이야기했다. 그것은 죽은 자들에게 하는 행동이기 때문이다.

따라서 액운을 쫓거나, 엄밀히 말해 죽음의 천사가 주위를 맴돌 경우에 그에게 아주 명확한 메시지를 보내야 했던 것이다. 그가 이 바느질을 목격했다고 한번 상상해봐라. 죽은 자가 눈앞에 있구나, 하고 단정 지을 수 있지 않을까? 그러니까 씹는 행위는 그에게 신호를 보내는 것이다. 아니라고, 분명 살아 있는 사람이라고, "미안하지만 오해가 있나 본데, 그냥 수선한 거였어!" 라고 말이다. 이렇게 죽음이 나중에 다시 오게 하는 것이다. 아무쪼록 최대한 나중에.

이것이 바로 수많은 영화나 대중문화 속에서 유령이 표상하는 것이다. 움직이는 하얀 형상은 헐거운 수의에 싸인 죽은 자이다. 그는 엉성하게 꿰매거나 전혀 꿰매지 않은 수의를 입은 망자다.

손질에 필요한 바늘땀이 부족한 탓에 유령은 이 세상을 떠날 수 없다. 세상에 붙들린 유령은 옷 수선을 기다리다가 결국 세상에 들러붙는다. 그들은 수선이 되어야 비로소 떠날 수 있다. 게다가 히브리어로 유령은 '*루아흐 레파임*rouaH' refaïm'이라고 불리는데, 그것은 문자 그대로 '늘어진 영혼'을 의미한다. 그야말로 올 풀린 영혼이다.

유령은 그들의 너덜너덜 해어진 이야기의 흔적을 간직하기 때문에 돌아오는 것이다. 그들은 풀려버린 올이 뜯겨나가기를, 그러니까 살아남은 자들이 그들의 이야기를 손봐주기를 기다린다.

나이트 시아말란Night Shyamalan 감독의 영화 〈식스 센스The

Sixth Sense〉(1999)에서 한 아이가 주변 어른들에게 간담이 서늘해지는 이 말을 반복한다. "아이 시 데드 피플I see dead people."(내 눈에 죽은 사람들이 보여요.) 관객이 섬뜩함을 느끼는 이유는 그들 역시 주위의 유령들을 보고도 외면하는 것은 아닌가 하고 되짚어봐야 하기 때문이다. 만약 우리도 그들을 느낄 수 있다면? 주의를 기울이기만 해도, 혹은 움직이는 커튼을 바라보는 것만으로도 충분하다면?

거듭 말하지만 우리 모두가 유령과 함께 살아간다는 사실을 지극히 이성적으로 받아들이기 위해, 꼭 죽음 이후의 삶이나 우리의 낡은 집을 떠도는 영혼의 존재를 문자 그대로 믿어야만 하는 건 아니다.

우리 개인의 이야기, 우리 가족 또는 공동체의 이야기에도 유령이 있고, 우리가 태어난 나라와 우리를 수용한 문화와 우리가 들은 (혹은 듣지 못한) 이야기들에도 유령이 있다. 그리고 때때로 우리가 말하는 언어에도 유령이 있다.

나는 누군가 내 사무실을 방문할 때마다, 열에 아홉 이 유령들을 만난다. 그들은 사람들이 나와 나누는 '강박'의 이야기 속에, 나에게 털어놓는 가족의 비밀 속에, 아니면 세대를 넘어 맥맥이 이어지는 저주 속에 산다. 유령들은 종종 기념일을 좋아하고, 이야기를 되풀이하는 가족들에게, 무엇보다 자신들의 혈통을 전혀 모르거나 심지어 혈통 따위를 신경 쓰지 않는다고 확신하는 가족들에게 주기적으로 나타난다.

유령들은 우리의 가족들 곁에 항상 존재해왔지만, 때로는 역사적 사건으로 그 수가 늘어나기도 한다. 전쟁은 말할 것 없이 그들의 수를 대폭 증가시켰다. 특히 유대인 가족에게 유령들은 매우 나이 들어서도 왕성하게, 이야기를 두둑이 먹고 산다. 유대인 가족의 이야기는 저들의 증가를 완벽히 보장하는 트라우마로 가득하다.

'쇼아'•의 질긴 유령들이 있다. 죽어서 무덤 없이 버려진 자들, 강제로 개종당한 자들, 그리고 '숨겨진 아이들'••과 '마란들'•••과 침묵의 후손들과, 침묵해야만 살아남을 수 있었던 모든 후손들의 유령들이 있다. 조부모가 이야기하지 않은 모든 것과 그들에게 감히 요구하지 못한 모든 것, 두려움과 망명의 유령들, 죄의식의 유령들이 있다. 우리의 삶에 자리 잡은 이 '돌아온 자들'의 무리는 너무도 쉽게 소환된다.

• Shoah. 히브리어로 '대재앙, 참사'라는 뜻으로 제2차 세계대전 당시에 나치 독일이 자행한 유대인 대학살을 가리킨다. '홀로코스트'라고 흔히 일컬어진다.

•• 쇼아 생존자. 제2차 세계대전 동안 나치가 자행한 말살 계획을 모면한 유대인 아이들을 가리킨다.

••• Marrano. 스페인어로 '돼지'라는 의미의 경멸적인 단어로 중세 후기에 박해를 피해서 가톨릭으로 개종한 스페인, 포르투갈의 유대인을 가리킨다.

출생, 바르-미츠바,• 결혼, 사망 등 각 생애주기에 그들은 초대자 명단에 있고 제일 먼저 도착하는 사람들 사이에 있다. 계보가 얽혔다 하면 그 즉시 다시 나타나고, 가족 안에서 무언가가 맺어지거나 끊어질 때, 봉인되거나 해체될 때 잽싸게 돌아오는 자들이 바로 그들이다. 유대를 맺거나 끊는 사건마다 그들은 소환된다. 백 퍼센트다! 그들은 우리의 이야기와 그들의 이야기를 봉합해줄 모자란 실을 찾는다.

오랜 유대 전승에서 그들은 *'디부크Dibbouk'*라고 불린다. '들러붙은' 혹은 '매달린'을 의미하는 히브리어 어근 *'다바크davak'*에서 유래한 단어인데, 우리의 과거로부터 다시 나타난 이 존재들이 우리의 삶에 갑작스레 들러붙기 때문이다. 마치 해진 옷감에 부착된 열접착 원단처럼, 두 피륙은 뒤섞이고 하나로 합쳐진다.

'디부크'는 우리의 삶에 스스로를 동여맨다. 그것은 좋거나 나쁘지도 않고 선하거나 악한 의도도 없다. 그것은 다만 우리의 이야기들에 빌붙는다. 마치 기생충처럼. 우리를 괴롭히기도 하고 우리를 돕기도 하며, 우리를 가로막기도 하고 반대로 우리가 다른 곳으로 갈 수 있게도 한다. 어떤 유대 이야기들 속에선 유령이 숙주의 발을 걸어 넘어뜨리고 가끔씩, 그를 곤경에서 구하기도 한다.

• Bar-mitzvah. 유대교 성년식으로 13세가 된 유대인 소년의 성년의례를 말한다. 유대인 소녀는 12세에 '바트-미츠바Bat-mitsvah'라고 부르는 성년의례를 치른다.

유령은 아이작 바셰비스 싱어•와 다른 여러 작가들의 책들 속에 득실득실하다. 로맹 가리는 소설 『징기스 콘의 춤』에서 아우슈비츠에서 총살당한 유대인의 모습으로 옛 나치친위대 대원의 삶을 좀먹는 '디부크'를 상상한다.

전통적 유대 문학에서도 유령은 중요한 자리를 차지한다. 『슐한 아루흐*ShoulH'an ArouH'*』라는 유대 율법서를 편찬한 저명한 랍비 요세프 카로••는 예컨대 아내의 불임이 '디부크'에 의해 치료되었다고 확신했다. 그의 말에 따르면 임신하지 못하는 아내의 영혼에 '들러붙은' 이 유령이 그녀에게 없는 씨를 친히 제공해서 그녀가 아이를 수태할 수 있었다는 것이다.

이처럼 유령들이 반드시 당신에게 악의를 가지는 것은 아니다. 때때로 그들은 당신에게 당신의 이야기이기도 한 어느 이야기를 들려주고, 그 이야기가 자신들의 이야기를 반복할 뿐이라고 말한다.

마르크가 엘자에게 맨 처음 보낸 이메일 속에는 슬그머니 들어와서 자리를 넉넉하게 차지하는 것이 하나 있다. 바로 오래전 그였던 어린 소년의 유령이다. 그들의 대화도 마르크가 어린

• Isaac Bashevis Singer(1902?~1991). 폴란드 태생의 미국 유대계 작가로 1978년 노벨 문학상을 수상했다. 평생 이디시어로 글을 썼다.

•• Joseph Caro(1488~1575).

시절에 겪은 한 사건에 대한 이야기에서부터 시작된다. 대화 첫 부분에서부터 마르크는 엘자에게 죽음에 대한 생각과 처음 만났던 순간을 이야기한다.

아마 열 살 남짓이었을 거예요. 난 침대에 있죠. 이 장면은 영화처럼 기억 속에 아주 선명하게 재현돼요. 늦은 시간인데도 잠을 못 이루고 있었죠.

(…) 부모님이 컬러 화면으로 갓 전환된 프랑스2 채널을 보고 계시는 동안, 나는 내 방에 홀로, 어둠 속에서 이불을 덮은 채 몸을 이리 뒤척, 저리 뒤척 하죠. 그땐 알아차리지 못했지만 내 무의식이 어떤 문을 연 거예요. 그 문은 이제 절대 닫히지 않을 겁니다. 무사태평한 어린 시절이 퇴장하면서, 시간 따위 문제되지 않고 기다릴라치면 시침과 분침이 느리게 흐르던 그때 그 시절의 모든 행복한 세월들이 날아가죠……. 그런데 거기서 그날 밤, 내 인생의 십 년을 이제 막 살았다는 사실을 자각해버린 거예요! 벌써 십 년이 소모되다니, 가차 없이 녹아들어가다가 끝내 꺼지고 마는 초처럼, 되돌릴 수 없는 모래시계처럼. 이렇게 또 한 번 살면 스물이 되고, 이만큼 또 한 번 살면 마흔이 되고……, 그러다가 세는 것이 우스워 보이는 이 나이만큼 또 한 번 살면 여든이 되는 거예요……. 말하자면 끝, 죽음인 거죠.

소년은 열 살 때 죽음을 피할 수 없다는 사실을 자각하고 불안에 시달린다. 필사의 운명에 눈을 뜬 이 아이는 한밤중에 자신의 어머니를 부르짖고 어머니는 그를 안심시키러 온다. 어른이 되고 이제는 죽어서 "말하자면 끝"에 도달한 이 아이는, 그로부터 몇 달 후에 눈을 감을 여성에게 열 살짜리 꼬마의 가장 큰 두려움이 무엇이었는지 이야기한다. 그는 이야기를 시작할 때부터 이미 알고 있었다, 그것이 자신의 끝일 거라는 사실을.

엘자는 마르크에게 답장을 보내면서 그날 밤이, 아주 먼 과거로 거슬러 올라가는 어느 이야기를 이해하는 열쇠를 제공한다고 암시한다. 엘자의 말에 따르면 그날 밤에는 한 유령의 흔적이 남아 있다. "*공포라는 감정은 뭘까요?*" 그녀는 쓴다. "*그것은 매우 강력한 버림받음의 감정으로, 사람들이 '당신'의 이야기에 관해서 당신에게 말해주지 않은 무언가를 되살아나게 하죠. 죽음에 대한 이 두려움은 죽음에 대한 욕망이에요. 버려짐에 대한 두려움은 완전한 자포자기에 대한 욕망으로 표출되죠.*"

나는 그들의 대화에서 읽은 이 몇 줄의 글을 당신에게 전하면서도, 이런 내 행동이 그들의 글을 예우하는 건지 아니면 저버리는 건지 모르겠다. 그들의 목소리를 울리게 하는 것이 치사인지 아니면 결례인지도.

죽은 자들의 입을 열게 하는 것보다 더 위험한 것은 없다. 그렇지만 그들의 입을 다물게 하는 것보다 더 불경한 것도 없다. 그러므로 나는 여기서 더 나아가지 않겠다.

나는 엘자와 마르크를 대신해서 말하지 않을 것이다. 그들의 대화를 훼손하거나 왜곡하지 않고, 그들의 세상을 이야기하면서 그 세상에 되도록 가장 충실할 수 있었기를 바란다. 그리고 두 사람에게 꼭 고맙다고 전하고 싶다. 왜냐하면 실제로, 그리고 예기치 않게, 그들이 죽은 뒤에 받은 이 서신들 덕분에 정작 수신인이 아니었던 내가 나 자신의 이야기 속 요소들을 새롭게 바라볼 수 있었기 때문이다. 게다가 바로 그들의 삶이 내 삶에 일으킨 이 울림을 통해서, 어쩌면 내가 그들과 함께할 방법을 찾았는지도 모르겠다.

공교롭게도 그들의 편지는 나를 그들의 강박관념만이 아니라 나 자신의 두려움 역시 대면하도록 이끈 것만 같다. 어쩌면 두 사람의 대화 속 유령들은 그들의 유령들인 것 못지않게 나의 유령들이었고, 그래서 자신들의 목소리를 나에게 들려준 것이 아니었을까.

두 사람의 편지를 발견하면서 나 역시 나의 유령들에 관해 이야기해야 한다는 사실을 알았다. 나의 '돌아온 자들'을 소환해야 한다고. 마르크가 자신의 '돌아온 자들'을 소환한 것처럼.

어느 날 밤 나타나서 아이를 잠 못 들게 한 죽음은 마르크만 찾아낸 것이 아니었다. 나에게도 죽음은 왔었다. 아주 오래전,

내가 열 살 적에, 여전히 할머니, 할아버지 댁 커튼 뒤에 숨어서 놀던 어린 시절 저녁때였다.

나는 낭시에 있는 조부모 집에서 곧잘 바캉스를 보냈다. 나이 터울이 얼마 되지 않는 남매가 흔히 그렇듯이 오빠와 나는 시도 때도 없이 경쟁하며 귀염둥이 손주 혹은 모범적인 계승자의 지위를 차지하려고 어지간히도 머리를 굴렸다. 질투로 인해 우리의 놀이는 갑작스레 중단되곤 했고, 우리의 말다툼은 그야말로 역대급이었다.

그날 오빠가 완구 하나를 선물 받았는데, 나는 거기에 마음을 홀딱 빼앗기고 말았다. 그것은 레진이라는 화학용액을 부어서 작은 용기를 제작하는 키트였다. 그 속에 장난감을 담그면 레진 코팅이 된 보석함을 만들 수도 있었다. 레진으로 둘러싸인 물체는 흡사 문진이나 수집품처럼 보였다.

하지만 이 응고된 물질의 외관도, 심지어 그것의 뚜렷한 놀이적 가치도 정확히 떠오르지 않는다……. 반면에 그 골치 아픈 냄새와 나의 유치한 질투심은 아주 선명하게 떠오른다. 다른 모든 기억을 압도하는 기묘한 후각의 기억이다.

늦은 오후에 오빠가 식탁 위에 올려둔 물건들 중 하나에서 그 레진 냄새가 났고, 나는 어쩔 도리 없이 그것에 끌렸다. 지금은 기억나지 않는 어떤 이유로 나는 그 물건을 코에 한번 대보고 그다음 입에 가져갔다. 합성수지의 질감이 약간 말랑거렸고 순간 그 맛이 궁금해졌다. 그래서 결국, 끝부분을 살짝 깨물어 입 속에 넣고 오물오물 씹다가 그 작은 조각을 꼴딱 삼켰다.

그러고 나서 정확히 무슨 일이 있었는지는 모른다. 기억나는 것이라곤, 날이 저물어 잠들 시간이 되자 돌연 어떤 확신이 들면서 공포에 사로잡혔다는 것이다. 나는 내가 삼킨 그 작은 레진 조각에 중독된 것이 '틀림없었다'. 당시에 나는 내 목숨을 구할 방도가 전혀 없고, 그래서 그날 밤이 내 마지막 밤이 되리라는 맹목적이면서 절망적인 확신에 차 있었다. 나에게 죽음은 불가피했고 그것은 엄연한 사실이었다. 나는 사형수였다.

몇 시간을 침대에서 울었는지 모른다. 나의 '깨달음'을 할머니, 할아버지에게는 도저히 말할 수 없었다. 차마 그분들에게는 나의 임박한 죽음을 알릴 수 없었다. 두 분이 슬퍼하실 것을 생각하면 견딜 수 없었으니까. 나는 내 삶의 마지막 밤을 홀로 버텨야 했고 내 임박한 죽음의 원인들을 조용히 묻어둬야 했다.

그 순간 난생 처음으로 엉뚱한 생각이 들었다. 나는 지푸라기라도 잡는 심정으로 내게 유일한 구원처럼 보이던 것에 힘을 빌려보기로 했다. 너무도 짧게, 이미 끝나버린 내 인생을 위해 나는 처음으로 기도를 하기로 결심했다. 그리고 우리 가족들이 입 밖에 꺼낸 적 없는 신과 어설프게나마 대화에 착수했다. 그분에 대해 한 번도 들어본 적 없기에 그분과 대화하는 기술을 알 리 만무했다.

우리 가족에게 기도 문화가 부재하다는 사실이 의외일 수 있다. 무엇보다 나의 할아버지는 랍비셨고, 적어도 교장 선생님이 되기 전에 랍비학교에 다니셨다. 할아버지는 온 가족에게 가장의 위상을 지닌 분이셨고, 많은 사람들이 할아버지를 독실한 사람으로 여겼을 것이다. 하지만 하느님을 둘러싼 침묵은 당시에 '이스라엘인israélite'이라고 불리던, 할아버지가 속한 유대 공동체의 트레이드마크였다. 그분의 유대교는 공화주의적 합리주의를 중심에 두고 유대교의 모든 가정의례에 대한 강한 애착을 가졌지만, 그 의례는 바깥세상에도, 심지어 당신의 집안 식구들에게도 각자의 믿음이나 실천을 절대 말해선 안 되는 극도의 신중함 속에 지켜졌다.

바로 그런 할아버지 댁 지붕 아래에서, 그날 밤 할아버지에게 한마디 말도 없이, 내 생애 처음 기도를 드렸던 것이다. 어릴 적 나에게는 기도가 사형수의 실낱같은 희망이었다. 미지의 신과 일종의 협상을 벌이며 "만약 저를 살려주시면 제가 이런저런 것들을 약속할게요"라고 하며 그분의 문을 두드리는 어린 소녀의 말들.

열 살 적 그날 밤에 내가 어떤 공식적인 약속을 했는지는 정확히 기억나지 않는다. 그저 나보다 더 큰 존재와 어떤 계약을 맺은 기분이 들었던 것 같다. 나는 기도하다가 울고, 또 기도했다.

그리고 그날 저녁, 신은 내 기도에 응답했다. 그분이 불이 붙었음에도 타서 없어지지 않는 떨기나무의 형상으로 나타난 것은 아니었다.• 내 방에 시나이산을 솟아오르게 한 것도, 계율들을 말씀하신 것도 아니었다. 그분은 나에게 구원자를 보내셨다.

늦은 밤, 나의 할아버지는 아파트를 가로질렀다. 할아버지가 복도를 따라 걸어오는 소리가 들렸고, 내 방에 들어오셨다. 마치 내가 그 방에서 무엇을 겪고 있는지 다 안다는 듯이.

할아버지는 내 침대 발치에 앉으시곤 부드럽게 나를 다독이며 나의 두려움을, 그러니까 나의 죽음을 당신에게 털어놓도록 했다. 나는 오빠의 장난감 도둑질, 내가 뿌리치지 못한 그 코팅된 레진의 유혹과 그것을 맛본 지고의 위반, 죄의식과 공포, 그리고 내 안에 파고든 죽음에 대해 할아버지께 이야기했다. 그 고백이 아직도 내 귓가에 맴돈다. 유대교에서 고해는 사실상 존재하지 않는다. 임종을 앞두고 하는 고해를 제외하고는. 이런 전통을 전혀 모르면서도 나는 전통을 그대로 따랐던 것이다.

• 모세가 시나이산에서 하느님의 계시를 받은 장면을 암시한다. 「출애굽기」 3:1-12 참조.

세월이 흘러서 나 역시 랍비가 되고, 그날 밤 나의 할아버지가 당신 손녀의 이야기 속에서 틀림없이 들었음직한 것을 상상하지 않을 수 없다.

그 속에서 아주 오래된 『성서』 이야기의 분명한 울림 말고, 또 다른 무엇을 감지할 수 있으셨을까? 아이의 이야기는 『성서』 속 거의 모든 모티브를 소환하고 있었다. 마치 그것들이 아이의 공포 속에서 되살아난 것처럼. 아이는 모두가 알지만 저 혼자만 아직 모르는 이야기를 자기 방식대로 해석했다. 그 이야기의 내용은 다음과 같다.

태초에 인간은 동산에 있었다. 그곳은 원초적 순수함을 간직한 정원으로, 그곳에서 이레 만에 창조된 한 세상이 영원한 안식을 약속한다. 이 아이 같은 인간은 에덴의 낙원에서 하느님의 말씀에 당장 귀를 기울이지 않지만 그럼에도 그분은 그에게 경고하신다.

"동산에 있는 모든 나무의 열매는 네가 먹고 싶은 대로 먹어라. 그러나 선과 악을 알게 하는 나무의 열매만은 먹어서는 안 된다. 그것을 먹는 날, 너는 반드시 죽는다."•

• [원주] 「창세기」 2:17.

금기를 어떻게 위반하지 않을 수 있을까? 인간은 결국 저항하지 못하고 열매를 따먹는다. 그러자 토라에 따르면, 인간은 "눈을 뜨면서"• 경고가 보기보다 더욱 미묘하다는 사실을 깨닫는다. 어떤 사람도 열매를 먹고 한순간에 죽지 않는다. 아담도, 이브도, 그의 후손들 누구라도 마찬가지다. 하지만 한순간에 인간은 지식을, 즉 언젠가 죽음이 오리라는 의식을 얻는다. 자신이 죽는다는 사실을 알아차린 인간은 동산에, 때로는 자신의 이불 속에 숨어서 공포에 바들바들 떤다. 그러면 그가 어디에 있는지 훤히 아는 하느님이 그에게 물으신다.

"너 어디 있느냐?"••

이 물음은 지리적인 것이 아니라 언제나 실존적이다. 인간은 죽음에 눈을 뜨면서 자신이 현재 어디에 있는지 매우 분명히 알게 된다. 다시 말해서 인간은 이제 본연의 순진함을 잃고, 자신이 태어난 세상에서 뿌리째 뽑혀 영원히, 자신의 기원인 동산으로부터 추방되었다는 사실을 아는 것이다.

할아버지는 내 두려움을 듣고 자리에서 일어나시더니 이야기의 흐름을, 그러니까 내 개인적 창세기의 흐름을 바꾸어놓는 일을 행하셨다. 할아버지는 부엌으로 가서, 내가 조금 뜯어먹고 되

• 「창세기」 3:7.

•• [원주] 「창세기」 3:9.

도록 아무도 모르게 식탁 위에 다시 올려놓은 그 물건의 남은 부분을 갖고 돌아오셨다. 그러고는 내 옆에 다시 앉으셨다. 나와 나란히 앉은 할아버지는 내 눈을 응시하며 그것을 당신의 입으로 가져가 크게 베어물고, 그 큰 조각을 씹어서 꿀꺽 삼키셨다. 곧이어 나를 부드럽게 안고 잘 자라고 인사를 건네고는 내 방을 나가셨다.

그날 밤 내가 이해한 것은 내가 먹은 레진 조각이 인체에 완전히 무해하다는 사실이 아니었다. 그 순간만큼은 어떤 것도 나를 납득시킬 수 없었기 때문이다. 그날 밤 내가 얻은 것은 그보다 훨씬 중요한 깨달음이었다. 바로 나의 할아버지가, 내 세상에서 가장 위대한 현자가 추방당한 나와 동행해주었다는 사실이었다. 할아버지는 나와 함께 에덴동산을 다시 떠날 것이라고, 죽음 앞에서 나를 홀로 내버려두지 않을 것이라고 내게 말씀하신 것이었다.

결국 밤이 한참 지나고 나서야 나는 곯아떨어졌다.

그리고 다음 날 잠에서 깨어났을 때, 나는 구원받은 기분이었다. 그 후로 할아버지는 이 에피소드를 한 번도 입 밖에 꺼낸 적이 없었고 나 역시 그랬다. 우리는 이 비밀 앞에서 다시 이스라엘인들이, 말하자면 자신들의 믿음, 자신들의 실천, 자신들의 두려움마저도 가슴에 간직하는 사람들이 되었다. 하지만 나는 우리 사이에 무언가가 영원히 달라졌다고 믿는다. 우리는 동맹을 맺었다.

이 어린 시절의 추억을 떠올리면 어른이 된 나는 웃으며 아무렇지 않은 듯 어깨를 으쓱한다. 나는 이 겁먹은 소녀에게 이렇게 말해주고 싶다. "너한테 위험 따위는 없었어. 네 풍부한 상상력과 죄의식이 너를 공포로 몰아넣은 거야." 동시에 나는 가끔씩 내 안에서 다시 이야기를 꺼내는 아이가 그날 밤, 지극히 현실적인 무언가를 경험했다는 것 또한 안다. 그것은 죽음과의 만남이었다.

이 아이는 그날 어둠 속에서 죽음이 언젠가 돌아온다는 무시무시한 의식의 문이 열린 것을 안다. 마르크가 엘자에게 보낸 편지에서 그 문을 의식하고 이야기했던 것처럼.

이 열린 문은 분명 어른이 된 나와 많은 연관성이 있다. 나는 그 문을 통해서 많은 질문과 탐색, 두려움과 기도뿐 아니라 이 세상에 구원의 가능성이 존재한다는 생각에 대한 확신을 내 안에 받아들였다. 이 희망의 이름은 여럿이다. 어떤 사람들은 그것을 하느님이라는 호칭으로 부르지만 유대인들은 그분의 이름을 부르지 않기로 선택했다. 그분의 이름은 말로 표현할 수 없는 것이다. 유대인들은 그분의 이름을 언급하기를 거부하면서 그분의 힘이 막강하고, 그것을 한정할 말을 벗어난다는 사실을 인정한다. 그것은 때로는 구원자의, 때로는 비밀의 여러 얼굴과 특징을 지닌다.

나는 이제, 그날 밤에 내게 아무런 위험이 없었고 내가 중독되어 죽지 않았을 것이라는 사실을 충분히 잘 알지만, 동시에 내가 어슴푸레한 빛 속에서 작은 기도와 큰 존재에 의해 구원받았다는 사실 역시 안다.

내 어린 시절의 에덴동산에서 추방된 순간에 나는 돌아가는 길이 아예 없다는 사실을 알았다. 기껏해야 열 살 나이에 나는 공포에 떨면서 '생존자'가 되었다.

내 귀를 울리는 엘자의 목소리가 들린다. 엘자는 나에게 응답한다. 마르크에게, 그리고 그를 통해서 언젠가 그녀의 목소리를 읽고 싶어 하는 모든 사람들에게 말한 것처럼.

"공포라는 감정은 뭘까요? 그것은 매우 강력한 버림받음의 감정으로, 사람들이 '당신'의 이야기에 관해서 당신에게 말해주지 않은 무언가를 되살아나게 하죠."

나는 할머니, 할아버지 댁에서 어느 날 밤, 죽음을 만났다. 죽음은 내게 와서 사람들이 내 이야기를 전부 다 말한 것은 아니라고 속삭였다. 내 동산에서 많은 유령과 비밀이, 마치 그곳의 나무처럼 자라고 있다는 사실을 내게 알려주었다. 그 나무들 중에는 선과 절대 악을 알게 하는 지식의 열매, 결코 들은 적 없는 이야기를 알게 하는 지식의 열매를 맺는 나무가 있다. 나를 낳아준 생존자들의 나무가.

이 나무는 다른 곳에서, 내 아버지 쪽이 아닌 어머니 쪽 가족의 황폐한 동산에서 자랐다. 나는 불에 타 재가 되어버린 이 나무들의 과실이었고 아무도 나를 데려간 적 없고, 나에게 한 번도 이야기해준 적 없는 비르케나우• 벌판의 이 수지樹脂류 수목들의 열매였다. 뿌리째 뽑혀서 다른 곳에 다시 심어진 이 나무들에서 씁쓸한 수액이 흘러나와 나에게 다다랐던 것이다.

나는 열 살 적 밤에 죽음을 무릅쓰고, 이 기억을 맛보기로 결심했다.

그로부터 서른 해가 지나고 엘자와 마르크를 잇달아 배웅하며, 나는 그들의 대화와 이야기 덕분에 내 기억을 새롭게 바라보았다.

• 제2차 세계대전 당시 나치의 대량학살이 이루어진 대표적인 강제수용소, 아우슈비츠-비르케나우를 가리킨다.

사라와 사라

바구니를 짜다

한 아들이 내게 전화했다. 어머니가 막 숨을 거두었다고.

그는 내가 내일, 파리 근교의 한 묘지에서 장례식을 진행해주길 바랐다. "우리가 신자는 아니지만 어머니는 카디시를 원하셨을 거예요"라고 그는 말했다. 하도 자주 듣는 말이라 나는 그 말에 감춰진 속내까지 들을 줄 알았다. 이따금 이 문장은 다른 형식으로 표현된다. "우리가 진짜 '좋은 유대인'은 아니지만 전통 장례를 치르고 싶어요."

나는 그에게 설명하려다가 말았다. 당신이 좋은 유대인이 아니라고 말하는 것보다 더 당신을 유대인답게 만드는 건 없다고, 이렇다 할 유대인이 못 됐다고 생각하는 것이야말로 정말 유대인스러운 거라고 말이다. 오히려 '뼛속까지' 유대인이라는 확신이야말로 대체로 의심스러운 것이다. 유대교는 이미 그 안에 있는 사람들에게 진급시험을 요구하지 않는다. 명예의 전당도 없고, 우등상 같은 것도 수여하지 않는다. 하지만 유대인은 저마다 다른 유대인에 비해서 자신의 요리가 유대교의 음식 율법을 충분히 따르지 않을 것이란 걸 알고, 충분히 엄격하게 계율을 실천하지 않을 것이란 걸 잘 알고 있다. 진실로.

그는 결국 양해를 구하면서 우리 대화의 말문을 연 셈인데 '나는 좋은 유대인이 아니다'라는 그의 말에 이렇게 대답하고 싶어 입이 근질거렸다. '누구는 안 그래요? 그러니까 유난 떨지 마세요.' 어쨌거나 농담에도 다 때가 있는 법이니까. 그렇긴 해도…….

두 랍비가 뉴욕에서 택시 뒷좌석에 올라탄다. 한 랍비가 다른 랍비에게 말한다. "나는 작고 보잘것없네. 없는 거나 다름없지." 이에 다른 랍비가 한술 더 떠서 말한다. "나는 우주에 떠다니는 먼지고, 변화무쌍하고 아무 형태도 없는 허황된 연기라네." 그러자 택시기사가 그들을 돌아보며 외친다. "아니, 위대한 랍비들께서 지혜를 갖고도 당신이 먼지다, 연기다 하시면, 그럼 나 같은 무지렁이는 뭡니까, 쓸모없고 너절한 쓰레기, 찌꺼기지요……." 두 현자는 즉시 서로를 마주 보며 말한다. "아니 도대체 저자는 자기가 뭐라도 되는 줄 아는 거야?"

유대인의 지혜는 천 가지 방식으로, 심지어 유머러스하게 단언한다. 위대함이란 말로 표현할 수 없고, 더구나 위대한 사람은 더욱더 그것을 표현할 수 없다고. 진짜 끝내주게 위대해야만 스스로를 작다고 말할 수 있는 것이다. 결국 '천생' 유대인이라는 확신이 역설적으로 당신을 조금 더 적합하지 않게 만든다.

우리 못난 유대인들은 내가 자주 사람들과 약속을 잡는 어느 카페에서 만났다. 유별나게 보일 수 있지만 나는 죽은 자들에 대한 이야기를 나눌 때, 주변에 약간의 생명이 필요하다. 사람들이 잔을 치켜들면, 나는 *"레하임!"* 하고 외치고 싶어진다.

그가 혼자 와서 자리에 앉고, 뒤이어 그의 돌아가신 어머니 사라가 당신 외아들의 말 속에서 우리와 합류한다. 그녀는 당신의 삶을 이야기하는 아들의 말에 조심스럽게 귀를 기울인다. 살아생전에도 당신의 삶에 대해서 좀처럼 입을 열지 않았던 분이었다. 나는 그것을 즉각 알아본다. 유대인 노인의 함구증은 내게 전혀 낯설지 않으니까. 그것은 어릴 적에 항상 내 귀를 먹먹하게 했던 생존자들의 침묵이다.

나는 대화 초반부터 그녀의 삶을 말로 다 설명할 수 없다는 사실을 알지만, 그럼에도 그녀의 아들은 극구 전하려 한다. 우리 모두 말이나 날짜로는 그녀에게 벌어진 일을 묘사할 수 없고, 오히려 침묵함으로써 그 사실을 말할 수도 있다는 걸 알지만,

그는 나에게 자신의 어머니가 어떤 분이었는지 말하고 싶어 한다. 그것은 한 세기를, 어쩌면 그 이상의 세월을 가로지르는 삶이다. 그녀의 아들은 1950년대에 작성된 프랑스 행정서류에 따르면 어머니는 97세였지만, 그가 셈한 바로는 그보다 훨씬 더 연세가 많으셨다고 내게 일러준다. 날짜가 딱 들어맞지 않기 때문이다.

확실히 아무것도 들어맞지 않는다. 그가 나에게 들려준 이야기는 다른 이야기들보다 훨씬 비극적인 요소들로 꽉 들어차 있고 백 년의 삶도 사라를 덮친 끝없는 불행들을 수용하기에 턱없이 부족하다.

사라는 헝가리의 수도 부다페스트 인근 마을에서 장사를 하던 유대인 부부의 외동딸로 태어났다. 어릴 적에 부모가 살해당하면서 사라는 친척 아주머니의 손에서 궁핍하게 성장한다. 그녀 역시 결혼을 해서 리브카라는 딸아이의 엄마가 된다. 그러나 얼마 지나지 않아 남편이 병중에 세상을 떠나고, 그사이 전쟁이 바짝 거리를 좁혀온다. 1944년 여름에 사라와 친척 아주머니, 그리고 그녀의 딸 리브카는 아우슈비츠로 이송된다. 그들은 수용소에 도착하자마자 헤어졌다. 사라는 리브카를 빼앗겼고 사랑하는 어린 딸이 멀어지는 모습을 지켜봐야 했다. 사라의 딸은 결국 친척 아주머니와 함께 가스실로 보내졌다. 사라는 강제수용소에서 살아남아 1945년에 약간은 우연찮게 파리에 오게 된다. 숱한 허드렛일을 도맡으며 삶의 외관을 다시 재건하려 애쓰고, 날짜와, 내용이 진실임을 확인하는 진술서를 적당히 알아서 맞춰 신분증을 취득하고 난 후에 미샤를 만난다. 그 역시 생존자였다. 두 사람은 함께 가족을 꾸리고 아들을 낳는다. 그 아들이 바로 자신의 어머니 이야기를 최선을 다해 내게 들려주는 이 '못난 유대인'이다. 안타깝게도 서로를 이해하지 못하고 이디시어로 목청을 높이는 일이 잦았던 사라와 미샤 부부는 결국 헤어졌다. 그 후로 사라는 쥐꼬리만 한 돈을 벌기 위해 안 해본 일이 없었고, 나중에는 변변찮은 퇴직연금으로 근근이 생활하면서 아들의 뜸한 방문과 두 손주의 더 뜸한 방문을 유일한 위안거리로 삼아 홀로 사십 년의 세월을 보내게 된다.

"어머니는 정말 완고한 분이셨어요." 그는 나에게 마치 완고한 사람이 되지 않고도 과거의 자기 존재를 잃고 계속 살아갈 수 있다는 듯이 말한다. '쇼아'의 후손들의 가족 대부분이 그들에게서 이 특유의 완고함을 알아본다. 그들은 완고했기 때문에 살아남은 걸까, 아니면 살아남기 위해서 완고해진 걸까? 이 질문에 대답할 수 있는 사람은 아무도 없다.

대체로 말보다는 고함이 자주 오가는 이 가족들에게 소통은 여간 고역이 아니다. 사라의 집과 비슷한 집에서 자란 한 친구가 언젠가 내게 이런 말을 한 적 있다. "난 오랫동안 이디시어로 말하려면 고래고래 소리를 질러야만 하는 줄 알았다니까."

나는 자신의 어머니에 대해서 들려주는 이 아들의 말을 들으며, 다음 날 묘지에서 그곳에 모인 그의 친지들에게 이 이야기를 어떤 방식으로 들려줄 수 있을까 자문해본다. 이야기 속에 어떤 여운을 줘야 할까? 20세기의 이 '미제라블'의 이야기를, 헝가리 어느 게토•의 코제트•• 이야기를 거의 알 리 없는 그녀의 후손들과 다른 모든 조문객들한테 무슨 말을 해야 할까? 그들한테 그녀의 이야기만을 들려줘야 하는 걸까, 아니면 그들 역시 물려받은 한 세기의 역사를 들려줘야 하는 걸까?

이 세대가 우리를 떠나면 머지않아 우리에게 이야기를 들려줄 수 있는 생존자나 직접적인 증인이 모두 사라지는 상황에서, 사라는 우리가 동반할 수 있는 마지막 남은 사람들 중 한 명이라고 말해줘야 하는 걸까?

물론 이 모든 말을 다 해야 한다. 그래서 어떻게 한 여자의 이야기가 모두의 이야기를 담고 있는지 말해야 한다. 여기서 모두란, 그녀의 동시대 사람들에 국한된 것이 아니라 먼 훗날 '이 일들'이 일어났었다는 의식을 품고 살아야 하는 사람들까지 포함

• Ghetto. 중세 이후에 유럽 지역에서 유대인들을 비유대인들과 분리하고 그들을 강제 격리하기 위해서 법으로 규정해놓은 유대인 거주 지역.

•• 프랑스어로 '레 미제라블Les Misérables'은 '불쌍한 사람들'이라는 뜻이며, 코제트는 빅토르 위고의 동명 소설 속에서 가난한 여인 팡틴이 남긴 어린 딸의 이름이다.

한다. 사라를 이야기하기 위해서 그녀의 이야기만이 아니라 역사를 말해야 하고, 이 여성을 통해서 인간이 인간에게 저지른 일을 환기하고 각 세대가 그것을 기억하도록 해야 한다.

히브리어로 '세대'는 '도르*dor*'라고 말한다. 이 단어는 기도와 전례에 두루 존재한다. *미도르 레도르*(대대손손)…… *베홀 도르 바도르*(각 세대마다)…… 주님, 우리는 당신께 노래하고 당신을 찬양하고 당신을 신뢰하고 당신께서 우리를 만나주시리라는 것을 알고 있습니다 등등. 이 희망의 언급과 세대 간에 존재하는 이 신뢰는 기도서에 빠짐없이 등장한다.

사람들은 대참사와 비극으로 점철된 유대인 이야기를 알게 되면, 기적을 행하시는 하느님의 작용에 대해서 약간은 빈정거리는 투로 자문한다. 기적을 행하는 그분께 대대로 감사드리는 걸 그만두면, 진짜 기적을 행하시는지 아닌지 알 수 있는 거 아닌가, 라고 하면서.

'세대'로 번역되는 단어 '도르'는 사실 의미가 조금 더 복잡하다. 그것은 문자 그대로 바구니를 짜는 행동을 가리킨다. 이미지는 간단하면서도 강렬하다. 하나의 바구니를 짜려면 실이나 짚을 앞 열의 잘 정렬된 줄들 사이에 걸어야 한다. 바구니는 항상 아래에서 위로 엮인다. 새로운 열이 그 열을 낳은 앞선 열에 매달리고 거기에 고정되면, 그 역시 다음 열의 든든한 버팀대를 구성한다.

사람들은 은유를 제법 어렵지 않게 이해한다. 히브리어로 세대는 곧 바구니의 열이다. 그것은 윗대의 힘으로 매달리고 아랫대의 보강을 예견한다. 바구니를 만들 때 뜯기거나 허술한 열이 단 하나라도 있으면 조직 전체가 무너지고, 작업물이 위에서 아래로, 혹은 아래에서 위로 전부 풀어질 수 있는 것처럼 가족 안에서도 마찬가지다.

'쇼아'는 사라의 바구니에, 그녀의 온 가족과 나의 가족 그리고 다른 많은 가족들의 바구니에 '엮을 수 없는' 벌어진 구멍들을 만들어놓았다. 이 모든 불행들이 '풀림'을 야기했고, 가족들은 외관상 바구니의 형태를 유지하기 위해서 그들이 할 수 있는 만큼 뜯긴 실들에 매달렸다.

나는 생존한 부모들이 회복할 수 없이 망가져서 바구니가 말 그대로 뒤집힌 아이들을 자주 만났다. 대참사 '이후에 태어난' 아이들은 자주 그들을 낳아준 이들의 부모가 되곤 했다. 후세대가 부모 세대의 이야기 고리들을 거꾸로 매다는 방향으로 이야기의 흐름이 뒤바뀌었다.

전쟁에서 자식을 여윈 부모를 둔 이들은 훨씬 더 섬세하게 떠야 했다. 다시 말해서 그들은 부모의 부모가 되는 동시에 손위 형제들의 대체가 되어야 했다. 유령들에 달라붙고 그들을 낳아준 황폐한 존재들을 동여매야 했다.

'이후에 태어난' 이 아이들은 자신들의 부모의 부모가 되었고, 이 불가능한 임무를 부여받은 그들은 부모를 끔찍이 보호하는 동시에 끔찍이 책망하는 책임을 떠안았다.

이 아이들은 종종 부모를 고쳐보려 애썼다. '쇼아'든 뭐든 간에 모든 아이들은 그런 시도를 하면서, 필연적으로 자신들을 메시아(구세주)라고 생각하게 된다. 아이들은 자신들이 그들의 조상들에게 구원을 가져다줄 수 있다고, 그들 이전에 잘못된 모든 것을 바로잡을 수 있다고 확신한다.

이 메시아-아이 증후군은 트라우마를 겪은 가족들에게서 월등히 증가한다. 비극과 불행으로 인해, 아이들은 더 무분별하게 수선을 하려고 든다. 그러나 이 시도는 실패하게 되어 있다. 죽은 자들을 되살릴 수 있다면 또 모를까……. 어떤 사람들은 그 계획이 얼마나 무모하고 실현 불가능한지 깨닫고 결국 '다른 곳에서 짜기 위해' 떠난다. 그것은 그들의 생존한 부모가 돌아가신 뒤에도 계속 살아가기 위한 시도이다.

부모를 떠나거나 그들로부터 멀어진, 생존자 자식의 삶은 결코 녹록지 않다. 그래서 사람들은 위험을 감수하고 어떻게 하면 '나쁜 유대인'인 동시에 '나쁜 자식'이 될 수 있을지 궁리하며 여러 해를 보낸다.

생존자들이 하나둘 사망하면서 우리는 우리가 알지 못하는 것들, 그들이 말하지 않고 우리가 미처 묻지 못한 것들이 너무 도 많다는 사실을 깨닫는다. 때때로 그들은 그들의 진짜 이름, 그들의 고향, 그들의 살해당한 가족의 이야기조차 밝히지 않고 사라지기도 한다. 때때로 사라의 경우처럼 그들의 나이조차 모른다. 그래서 우리는 우리가 가진 얼마 되지 않는 정보마저 그들의 프랑스 행정신고서처럼 잘못된 것은 아닌가 하고 의심하며 여생을 보낼 수도 있다.

사라의 아들과 대화를 나눈 다음 날, 나는 일찍 묘지에 도착했다. 바구니와 그 흩어진 조각들의 생김새가 궁금했다. 사라의 아들은 어머니로부터 벗어나 어떤 사람들 곁에서 자신의 삶을 일구었는지, 그를 도우러 오는 친구들은 어떤 사람들인지, 오늘날 그를 지탱해주는 사람들은 어떻게 생겼는지 알고 싶었다. 그들은 유대인일까? 그의 이야기를 조금이나마 공유했을까, 아니면 전혀 모를까? 이 저주받은 이야기를 조만간 듣게 될 사람들은 도대체 누굴까?

나는 묘지 입구에서 예식의 시작과 장의사의 안내를 기다리는 사람들 사이를 누볐다. 사라의 아들은 아직 거기에 없었다. 그래서 나는 그냥 아는 지인인 양 먼저 온 사람들과 함께 기다리기로 결심했고, 그들을 관찰할 수 있었다. 얼마 되지 않던 사람들 무리는 갈수록 불어났다. 서로 안면이 있어서 그렇고 그런 말을 주고받는 듯 보이는 사람들도 있었고, 잠자코 기다리는 사람들도 있었다. 아무도 나에게 질문 따위는 하지 않았다.

마침내 의전관이 매장 허가를 막 승인받고 우리를 만나러 왔다. "마르샹 부인의 장례 행렬을 함께하실 분들은 이제 묘소로 가겠습니다." 그 얼마 되지 않던 사람들 무리가 이동하기 시작했고, 그러고 나서도 사실을 직시하기까지 다소 시간이 걸렸다. 내가 장례 행렬을 착각했던 것이다.

나는 잘못된 장례 행렬에 껴 있었다. 이 낯모르는 사람들에게 사라의 이야기를 굳이 들려주려고 하지 않는 한, 슬픔에 면역된 다른 애도자들에게 그녀의 이야기를 소개하려고 하지 않는 한, 거기에서 내가 할 수 있는 일은 아무것도 없었다.

사라의 아들은 훨씬 늦게 도착했다. 내가 쫓아가려고 했던 관이 벌써 매장되고도 남았을 시간이었다. 나는 묘지에 들어서는 그를 보았고, 물론 그의 어머니의 '첫 장례 행렬'에 대해서는 일절 말하지 않았다.

그는 내 쪽으로 곧장 걸어오더니 가시죠, 하고 말했다. 그러고는 장의사에 손짓했다. 우리의 장례 행렬은, 그러니까 진짜 장례 행렬은 더디게 출발했다. 이 장례식에 그와 나만 참석한다는 사실을 내가 이해할 만큼 충분히 더디게.

사라의 아들은 혼자 왔다. 오롯이 혼자.

"우리가 신자는 아니지만 어머니는 카디시를 원하셨을 거예요"라고 그는 전날 나에게 알려주었다. 이 기도를 낭송하기 위해서 '미니얀'•이라고 부르는, 최소 열 명의 사람들이 있어야 한다는 사실을 몰랐던 걸까? 나는 아무 말 없이 그와 함께 장지葬地까지 걸어갔다.

유대 전통에서 카디시는 애도자들의 기도일 뿐 아니라 당신을 위해서 그 기도를 낭송하기로 되어 있는 사람을 가리키기도 한다. 여느 아버지 혹은 어머니는 그들의 자식을 당신에게 이렇게 소개할 수 있다. "얘가 내 카디시예요." 말인즉 이 아이가 언젠가 우리 무덤가에서 카디시를 낭송할 거예요, 라는 뜻이다.

이렇게 해서 그날 나는 사라의 '카디시'를 홀로 대면했다.

묘지의 오솔길에, 열린 무덤으로부터 몇 발자국 떨어진 곳에서 우리는 관을 사이에 두고 서로 얼굴을 마주 보고 섰다. 한쪽에는 전날 자신의 어머니에 대해 아는 모든 것을 내게 이야기해준 남자가 서 있었다. 그 맞은편에서 나는 그에게 들은 이야기를 도로 들려줘야 하는 사람이었다.

나는 참석한 모든 사람들에게 사라의 이야기를 전하면서 그들이 내 말을 통해서 사라를 알게 되고, 아름다운 헌사로 내 마

• Minyan. 유대교에서 예배를 드릴 때 필요한 성인 열 명의 정족수를 가리킨다.

음이 '찢어지리라'고 생각했었다. 그러나 그것이 얼마나 어리석고 헛된 망상이었는지를 깨닫고 나서 이 여자의 이야기를, 그녀에 대해서 내가 아는 전부를 나에게 전해준 사람에게 들려주었을 따름이다.

나는 이 아들에게 그의 어머니 이야기를 들려주기 위해서 이전의 세상, 불행들과 빼앗긴 피붙이, 재건해야 했던 삶과 불가능한 발화를 말했다. 나는 나의 목소리로 그의 말을 되풀이했고 내 언어로 그의 말들을 번역하여 그에게 다르게 들려주었다.

나는 그날 어느 때보다 더, 묘지에서 내 역할과 장례 집전자의 임무를 잘 이해했다고 생각한다. 애도자들과 함께하는 것은 그들이 이미 아는 것을 그들에게 알려주기 위한 것이 아니라, 그들이 당신에게 말한 것을 그들에게 번역해줌으로써 그들이 그 말을 새로 들을 수 있도록 하기 위한 것이다. 이렇게 그들의 목소리가 아닌 목소리로, 그들의 입을 벗어난 이야기가 그들의 귀로 돌아가도록 하기 위한 것이다. 그 목소리를 매개로 그들의 말이, '좋은' 유대인과 '나쁜' 유대인들에게, 그리고 특히 할 수 있는 만큼 하는 유대인들에게, 대대손손 전래되는 조상 전통의 말과 대화를 나눌 수 있다.

다시 본론으로 되돌아와서, 랍비가 전하는 전통의 말은 대대손손, *미도르 레도르* 전래되기 때문에 실을 보태서 바구니들을 다시 짤 수 있다. 별안간 한 남자 혹은 한 여자의 이야기가 그의 상속자들의 거듭된 경청으로, 조금씩 기워진다. 무덤가에서 연결되는 것이 바로 이것이다.

그날 나는 한 남자에게 그의 어머니가 어떤 분이었는지 말해주었다. 그에게 들은 이야기를 달리 꾸며낼 수도 없었다. 하지만 설명할 수는 없지만 마치 다른 이야기가 우리 앞에 펼쳐진 것 같았다.

사라의 아들은 관으로 다가가 자신의 어머니를 덮고 있는 나무를 어루만지며 오랫동안 흐느껴 울었다. 그는 울면서 말했다. “이렇게 기구하게 사시다니!” 그가 그 사실을 얼마큼 새삼 발견한 것인지 나는 모른다.

그 후 우리는 그곳에 아주 오랫동안 조용히 머물렀다. 나는 사라의 아들에게 왜 혼자 왔는지, 그의 아이들은 어디에 있는지, 그들을 왜 할머니 장례식에 데려오지 않았는지 물어보지 않았다. 물어볼 필요가 없었다. 나는 그 답을 완벽히 알았다. 내가 언젠가 그 아이들 중 한 명이었으니까.

나는 랍비로서 나의 소임을 다하는 동안 사라의 이야기가 얼마만큼 내게 익숙한지 망각했다. 얼마만큼 그녀의 이야기가 나의 이야기, 아니 오히려 나의 외할머니, 또 다른 사라의 이야기이기도 한지.

아우슈비츠-비르케나우 수용소에 자식과 함께 이송된 후에 다시는 자식을 만나지 못한 카르파티아 산맥의 젊은 유대인 여인, 침묵 속에 유폐된 생존자였던 외할머니는 전쟁 후에 나의 어머니와 이모를 낳으시고 당신의 이야기나 당신의 이전 삶에 대해서, 특히 당신의 딸들에게 일체 함구하셨다. 딸들은 어머니가 돌아가신 뒤에도 살아남기 위해 떠나고, 그녀들 역시 이 이야기를 자신들의 자녀에게 함구한 채 살았다. 마치 바구니는 찢어졌지만 어느 정도 적당히 형태를 유지하며 버틸 수 있다는 듯이.

나는 외할머니의 죽음에서 배제되었다. 외할머니의 장례식에도 초대받지 못했다. 당시 나이가 열두서너 살이었음에도 내가 장례식에 참석하는 것은 전혀 고려되지 않았다. 나는 이야기를 알아서는 안 되었고, 이 카디시는 손주들 없이 낭송되어야 했다. 나는 그날 얼마나 많은 사람들이 나의 어머니를 에워쌌는지 알지 못한다. 내가 그 장례 행렬에 속하는 것은 어림없는 일이었고, 거기에 참석하겠다고 요구한다는 것은 꿈에도 생각하지 못했다.

나의 어머니는 우리가 묘지에 들어가는 것을 금지하셨다. 아슈케나지 유대인(독일계 유대인)의 해묵은 미신이었다. 아이들을 죽음과 가까이 못하게 하라. 사람들은 이렇게 완전히 밀폐된 상태로 죽음과 거리를 둔다고 믿을 것이다.

내가 아주 어릴 적에, 이따금 우리 남매를 돌봐주던 할머니 한 분이 계셨다. 어느 날 할머니가 앞장서서 나와 오빠를 부군의 무덤으로 데리고 갔고, 그곳을 함께 꽃으로 장식했던 기억이 난다. 그분은 어느 작은 마을의 교회 근처에 안식하고 계셨다. 나는 양동이에 그득 물을 채우고 무덤 위에 물을 부으며 대리석과 할아버지의 사진을 번들번들하게 닦던 그 순간을 몹시 좋아했다. 하지만 어머니는 그 사실을 알고 노발대발했다. 우리를 보호해주던 그분은 그날 이후로 다시 보지 못한 것 같다.

오랫동안 나는 죽음과 멀찍이 떨어져 있었다. 그래서 내가 오늘날 조각된 대리석 묘비 근처에서 죽음을 접하며 보내는 이 시간들이, 사람들이 나를 죽음으로부터 보호하려 했던 과거의 일과 무관하지 않다는 생각을 지울 수 없다. 이 묘지들을 문턱이 닳도록 드나들고 활보하면서 나는, 이곳에서 결코 얻지 못할 무언가를, 그러니까 내가 초대받지 못한 장례식에 참석할 수 있는 가능성을 찾으러 오는 것 같다. 외할머니의 장례를 치르고 이윽고 "이렇게 기구하게 사시다니!" 하고 말할 수 있는 가능성을 말이다.

사라의 장례식 날, 나는 묘지를 나오면서 그녀의 아들에게 '좋은 유대인들'이 돌아가기 전에 하는 행동을 알려주었다. 이 장소를 떠나기 전에 손을 씻는 것이다. 그것은 상징적으로 장소를 죽음과 생명의 장소로 구분하여 『탈무드』에서 송장의 부정함이라고 부르는 것을 그곳에 남겨두는 것이다.

물론, 이 모든 게 지극히 상징적이다. 사람들은 어디나 그들의 죽은 자들을 데리고 다닌다. 만일 그들이 묘지에 머무른다면 우리가 눈치챌 수도 있을 것이다. 생명과 죽음은 밀폐된 채 분리되어 있지 않고, 흐르는 물은 우리의 삶에 죽음이 스며드는 것을 막지 못한다.

간혹 정반대로 이 정화淨化가 물속을 통과한 바구니처럼 고리들을 더 촘촘하게 만드는 것처럼 보인다. 그러면서 우리에게 말하는 것처럼 보인다. 이렇게 우리는 우리를 떠난 자들과 긴밀하게 유대를 맺는다고. 대대손손.

마르셀린[•]과 시몬[••]

심판의 날에

● 마르셀린 로리당-이벤스Marceline Loridan-Ivens(1928~2018). 프랑스 영화인이자 작가. 알제리와 베트남의 식민지 해방, 자신의 수용소 경험 등을 소재로 다수의 영화를 제작했다.

●● 시몬 베유Simone Veil(1927~2017). 프랑스 니스에서 유대인의 딸로 태어나 사법관으로 활동하고 보건부 장관을 역임하면서 여성의 권리 신장을 위해 앞장섰다. 유럽의회 최초의 선출직 의장으로 유럽통합에 기여했다.

마르셀린은 스스로 '비르케나우의 딸'이라고 자주 묘사하곤 했다. 그녀의 표현은 사라와 나의 외할머니처럼 비르케나우 수용소를 경험하고 이 지옥에서 살아남은 수백만 명의 여자들을 가리키는 게 아니었다. 내게는 그 여자들 중 일부, 그녀와 같은 결을 가진 듯 보이는 여자들과 그중에서도 특히 친구인 시몬을 말하는 것 같았다.

이 표현을 들을 때마다 나는 뜨악했다. 사람들이 '메닐몽탕의 소녀들',• '로슈포르의 숙녀들'••을 말하거나 아니면 소수 정예

• 다큐멘터리 〈메닐몽탕의 꼬마들Les gamins de Ménilmontant〉(2020). 파리의 어느 초등학교 어린이들이 한동네에 거주하는 '쇼아'의 생존자들을 인터뷰하는 내용을 다룬다.

•• 자크 드미 감독의 뮤지컬 영화 〈로슈포르의 숙녀들Les Demoiselles de Rochefort〉(1967).

의 사교클럽을 지칭하는 것처럼 마르셀린은 '비르케나우의 딸들'이라고 말했기 때문이다. 이 언어적 괴리야말로 마르셀린의 트레이드마크였다. 그녀는 사람들의 예상을 벗어나는 지점에 있기로 결정했다. 말도, 정치적 선택도, 심지어 저항을 드러내는 머리까지도.

마르셀린의 붉게 물든 사자머리는 그녀의 거침없는 성격을 보여주었다. 마르셀린은 온 세상 사람들에게, 교조주의자나 보수주의자에게, 심지어 하느님에게까지 '개떡 같다'고 말했다. 무엇보다 그녀가 믿지 않은 그분에게 자주 욕설을 퍼부었다.

마르셀린은 나를 "나의 랍비"•라고 불렀다. 우리는 잘 알려진 유대인 농담을 둘 다 처음 듣는 것처럼 자주 이야기하곤 했다. 이를테면 이런 농담이다.

수용소에서 살아남은 두 유대인이 '쇼아'에 관한 신랄한 블랙유머를 할 때였다. 그곳을 지나던 하느님이 그들의 말을 가로막고 꾸짖으며 말씀하셨다. "너희가 어찌 감히 이 대참사를 농담 삼아 말하는 것이냐?" 그러자 생존자들이 그분에게 대꾸한다.

• 마르셀린은 여성형 접미사를 덧붙여 'rabbine'(여자 랍비)라고 말하고 있다. 명사의 남녀 성을 구분하는 프랑스에서 직업명은 기본적으로 남성형이다. 프랑스에서는 남성 중심의 문법과 철자법을 바꾸기 위한 움직임과 언어 전통주의자들의 반발이 오랫동안 지속되어왔고, 2019년이 되어서야 아카데미 프랑세즈가 오랫동안 터부시되었던 주제인 직업의 여성형을 받아들였다.

"당신께선 이해할 수 없으시겠죠, 거기에 안 계셨으니까!"

마르셀린은 대단한 신학자였다. 삶의 대단함에 대한 한 가지 대화를 나누면서도 아우슈비츠에서 하느님의 부재, 여성의 오르가슴, 보드카의 덕목에 대한 장광설을, 담배꽁초를 입에 빼물고 한꺼번에 좔좔 늘어놓을 줄 알았다.

또한 마르셀린은 시몬의 친구였다. 두 사람을 결속시켜주던 특별한 힘은 두 사람이 함께 경험한 지옥에 대한 형언할 수 없는 기억만이 아니라 서로 상반되는 것처럼 보이는 모든 것에서 기인했다. 한 사람의 흐트러짐 없는 올림머리와 다른 한 사람의 어수선한 사자머리는 그 둘을 극적으로 대변하는 일종의 우스꽝스러운 상징이었다. 두 사람의 정치 참여와 삶의 선택 역시 대척점에 있었다. 한쪽에 절대적 의무와 인내, 가정적 삶이 있었다면 다른 한쪽에는 정치와 사랑에서의 완전한 자유, 모성의 거부가 있었다.

다비드 테불David Teboul 감독이 찍은 시몬 베유의 다큐멘터리• 속에는 잊지 못할 장면이 있다. 두 여자가 서로 다른 두 극처럼

• [원주] 다비드 테불 감독의 다큐멘터리 〈시몬 베유-어느 프랑스인 이야기Simone Veil, une histoire française〉(2004).

침대 위에 찰싹 붙어서 소녀들처럼 수다를 떠는 장면인데, 그것이 우리의 마음을 잡아당긴다.

두 사람의 우정은 나와 우리 세대의 사람들에게 하나의 모델, 하나의 기치 그 이상이 되었다. 자신들이 우리에게 무엇을 가르쳐주었는지 둘은 자각하고 있었을까?

시몬과 마르셀린은 나에게 오늘날 '회복력'이라는, 약간은 진부한 표현으로 지칭되는 것의 얼굴들이다. 말하기를 거부하는 생존자의 손녀였던 나에게 두 사람은 다시 말할 수 있는 가능성, 즉 그들이 경험한 것뿐 아니라 그들이 저마다 그 경험으로 만들기로 선택한 것을 거리낌 없이 말할 수 있는 가능성을 나타낸다. 시몬과 마르셀린의 정치, 영화 혹은 사랑에서의 참여는 나에게 '다시 일어서다'라는 말이 의미하는 바를 알려주었고, 무엇보다 다른 사람들에게 그렇게 할 수 있는 법을 가르쳐주었다. 둘은 말했다. 이것이 우리에게 일어난 일이다. 하지만 우리가 우리에게 일어난 일만으로 만들어지는 것이 아님을 기억하라. 우리는 '그것만'이 아니라 '그것에도 불구하고', 우리가 감내한 고통이 마음껏 울분을 토할 수 있는 백지 수표라도 되는 것처럼 구는 모든 피해자 경쟁에서 벗어나, 세상을 회복시키는 일에 착수할 수 있다.

두 사람을 통해서 여성의 조건 역시 그 복잡한 선택과 딜레마 속에서 이야기되었던 것 같다. 나는 자주 생각했다. 우리는 동시에 시몬과 마르셀린이, 의무와 자유의 여성이 될 줄 알아야 한다고. 애써 참여의 힘을 구현하면서도 자신의 독립성을 포기하지 않아야 한다고 말이다. 간혹 내 머릿속에서 두 사람은 언쟁을 벌인다.

시몬은 마르셀린에게 말한다. 처신 똑바로 하라고, 네가 해야 하는 일을 하고 쓸모 있는 사람이 되려고 노력 좀 하라고. 그러면 마르셀린이 반박한다. 그 바보 같은 짓거리나 우선 때려치우고 열정적으로 사랑을 하라고. 대개는 시몬이 싸움에서 이긴다. 하지만 마르셀린은 페미니스트의 회심의 웃음을 지어 보이며 싸움을 그칠 줄 모른다.

자기 안에 두 여자 중 한 사람에게 완전히 자리를 내주고, 다른 한 사람으로부터 벗어났다고 생각하는 여자들의 메시지를 나는 숱하게 받는다. 그러면 어떻게 해서든 그녀들에게 경고하려고 애쓴다. "비르케나우의 딸들에게서 벗어났다고 착각하지 마세요! 아무도 그녀들을 침묵하게 할 수 없으니까요."

동화 속에는 요정(들)이 자주 등장한다. 요정들은 갓난아이의 요람을 굽어보며 축원을 해주거나 재능을 선물한다. 시몬은 우리 세대의 여자들에게 바로 이 요정이었고, 그녀가 우리의 요람을 굽어보며 강력한 약속을 속삭였다고, 나는 자주 생각했다. 내가 태어난 1974년 11월에 시몬의 목소리가 국회에서 공식적인 서약을 실어날랐다.•

"나는 우선 여러분과 여성의 신념을 나누고 싶습니다." 그러고는 덧붙여 말했다. *"거의 남성들로만 구성된 이 의회에서 그러는 것에 양해를 구합니다."*

옛날 옛적에 한 여자가 있었다. 여자는 국회의원들에게 이른바 양해를 구해가며 호소를 했지만 우리는 잘 알고 있었다. 여자의 말은 우리 여성들을 향해서 하는 말이었다. 여자는 내일의 딸들에게 말했다. 이제 너희 중 어느 누구도 자신이 되고 싶은 사람이 되기 위해서 양해를 구할 필요가 없을 거라고. 우리가 선물 받은 이 해방의 약속을 통해서 우리는 성별이나 모성의 강요를 넘어 자신의 생애를 결정하는 자유로운 여성들이 되었다.

2017년 6월 30일 시몬 베유가 타계한 날, 아주 오랜 이디시 전승이 기억 저편에서 떠올랐다. 그것은 스킷젤이라는 여자의, 거의 알려지지 않은 이야기다. 사실 그녀의 이름은 조상 대대로

• 1974년 11월 26일 당시 프랑스 보건부 장관이었던 시몬 베유는 의회에서 임신 중단 합법화 법안을 통과시켰다. 불법적으로 행해지던 낙태 시술로 많은 여성들이 목숨을 잃던 상황에서 임신한 여성의 자기결정권을 옹호하는 일명 '베유법'은 여성해방의 기틀을 마련했다.

전해져 내려오는 이야기들 속에 꽤 자주 등장하지만, 여자아이들에게 그 이야기들을 좀처럼 들려주지 않는 이유는 두말할 나위 없다. 너무 전복적이라나!

스콧젤은 요정이 아니었다. 여느 사람들과 거의 다를 바 없는 사람이었다. 전승에 따르면 어느 날 부당한 상황에 이대로 당하고만 있을 수 없었던 스콧젤 세대의 여자들이 해방을 이루기 위해 대변인을 물색한다. 자신들의 입장을 변론해줄 여성 대표를 주님 앞에 직접 보내기로 결심한 것이다.

여자들은 가장 박식하고 가장 입심 좋은 스콧젤을 뽑아서, 전능한 신 앞에서 자신들을 대변할 변호인으로 삼는다. 이 땅의 모든 여자들이 서로의 어깨 위에 올라서서 거대한 인간 피라미드를 만들어 하늘에 닿으려고 시도한다. 여자들은 이 인간 비계 꼭대기에 스콧젤을 앉힌다.

안타깝게도 축조물 아래에서 누군가 순간 균형을 잃는 바람에 여자들 모두 와르르 추락하게 된다. 여자들은 다시 일어서서 다친 사람이 하나도 없다는 사실을 확인하자마자 놀라움을 금치 못한다. 스콧젤이 사라진 것이었다.

전승에 따르면 이 사건 이후로 여자들의 변호인은 하느님 앞에서 줄곧 우리를 변론하고 있고, 언젠가 그녀가 돌아오는 날에 모든 게 달라질 것이다. 스콧젤의 귀환은 새 시대, 마침내 쟁취한 평등을 예고할 것이다. 그렇게 해서 여성이 갑작스레 방에 들어올 때면 사람들이 이 말로 환대하게 된 것이다. "*스콧젤 쿰트!*"(스콧젤이 돌아왔다!) 모르지 않나, 그녀가 비로소 희소식을 안고 돌아왔을지!

시몬이 운명한 날에 나는 이 전승을 마르셀린에게 들려주었다. 우리의 스콧젤이, 우리의 박식하고 입심 좋은 변호인이, 국회의 남자 의원들 앞에서 우리 여자들의 입장을 이토록 눈부시게 변론해준 그녀가 이제 천상의 법정 앞에서 우리를 대변하기 위해서 떠났다고. 마르셀린과 나는 생각이 같았다. 보나마나 상대편 변호인들의 코가 납작해질 것이고, 시몬은 우리에게 소식을 전해주기 위해 서둘러 돌아올 것이다.

시몬의 두 아들 장과 피에르프랑수아 형제가 그들 모친의 장례식이 준비되는 동안 나에게 연락을 해왔다. 장례식은 앵발리드 정원에서 국장國葬으로 진행되고, 몽파르나스 묘지에서 훨씬 사적인 종교장으로 치러질 예정이었다. 형제의 어머니는 말씀하셨다. "내 무덤에서 카디시를 낭송해다오." 그들은 나에게 그들 옆에서, 그리고 프랑스의 최고 랍비• 옆에서 함께 카디시를 낭송해달라고 부탁했다. 그들은 여성의 발화가 그들의 기도와 동반할 수 있는 가능성을 중요하게 생각했다.

• 프랑스의 유대교를 이끄는 랍비장.

시몬 베유의 장례식 날 아침에 나와 마르셀린은 앵발리드 정원에 나란히 앉았다. 마르셀린은 여느 때와 다름없이 '발라강'• 이라고 부르던 주먹만 한 보석 목걸이와 반지, 동물 모양 브로치를 착용했다. 생이 그녀의 온몸 구석구석에서 반짝였고 그녀의 화려한 보석들과 그 빛깔들은 질병을 내쫓는 듯했다. 장송곡이 울리면서 공화국 운구병들이 운반하는 관이 입장할 때였다. 마르셀린은 팔꿈치로 나를 콕 찌르며 자랑스럽게 말했다. "내 절친이야!" 그 말은 또한 마르셀린의 언어로 '지랄 같은 죽음!'을, 나의 언어로 *'레하임'*을 의미했다.

장과 피에르프랑수아 베유 형제는 그들의 어머니에게 감탄과 유머가 가득한 눈부신 헌사를 바쳤다. 그들은 어느 날 저녁식사 도중 식탁에서 형제 중 한 사람이 여성혐오적이라 할 발언을 하자 놀란 어머니가 그 자리에서 별말 없이 아들의 머리 위에 물통을 확 끼얹었다고 이야기해주었다. 정신을 번쩍 차리도록 말이다.

뒤이어 공화국 대통령의 추도사가 시작됐다. 얼마 지나지 않아서 '비르케나우의 딸'이 나에게 물었다. "있지, 내가 지금 여기서 마리화나 피워도, 자기 괜찮겠어?" 우리는 소녀들처럼 깔깔 웃음을 터뜨렸다. 나보다 훨씬 더 어린 마르셀린이 더욱더 웃음

• [원주] Balagan. 히브리어로 '잡동사니'라는 뜻.

을 참지 못했다. 마르셀린은 말하곤 했다. 사람은 평생 트라우마를 겪은 나이로 산다고. 자기는 열네 살에 멈췄기 때문에 그때 이후로 나이를 먹지 않았다고. 반항적인 소녀는 두 번 다시 마르셀린을 떠나지 않았다.

앵발리드 정원에서 우리 주변에 있던 몇몇 여자들이 우리를 못마땅한 눈초리로 할기시 돌아보며 눈살을 찌푸렸다. 나는 그녀들 각자의 내면에서 시몬이 아주 큰소리를 쳤다고 생각한다. 마르셀린이야 여전히 시몬의 말에 콧방귀도 뀌지 않았지만.

추도사 말미에 에마뉘엘 마크롱 대통령은 시몬 베유가 팡테옹•에 안장될 것이라는 소식을 발표했다. 그러자 마르셀린은 만면에 웃음을 띠고 요란스레 박수를 치며 말했다. "그것참 잘됐어." 그러면서 내게 한마디 덧붙였다. "미리 말해두는 건데 제발 난 팡테옹에 넣지 말아줘. 거긴 퍽이나 지루할 거야."

잠시 뒤 몽파르나스 묘지에서, 마르셀린은 추도사를 통해 여자들 중에 가장 "귀감"이 되고 가장 아름다운 "비르케나우의 딸"이었던 자신의 절친이 얼마나 일평생 모두를 설득시킨 매력의 소유자였는지 이야기해주었다. 곧이어 무덤가에서 시몬의 두

• 프랑스 파리의 국립묘지. 나라에 공헌한 위인들, 저명한 예술가와 정치인 들이 안장되어 있다. 시몬 베유는 2018년 7월 1일 팡테옹에 안장되었다. 이로써 프랑스 역사상 팡테옹에 묻힌 다섯 번째 여성이 되었다.

아들이 카디시를 낭송했다. 그들은 바랐던 대로 두 랍비, 한 남사와 한 여지에게 둘러싸여 그들과 함께 조상 전래의 이 기도문을 암송했다.

"이잇가달 베이잇카다시 셰메이 라바……."(그분의 위대한 이름이 칭송되고 거룩히 여김받으소서…….)

일부 사람들이 생각하는 것과 달리 카디시는 죽은 자들을 위한 기도가 아니다. 그것은 죽음이나 애도에 대해 말하지 않고, 하느님을 찬미하고 그분의 영광을 노래하며, 긴 호칭 기도•의 형식으로 그분이 가진 위대함의 온갖 양상을 열거하는 전례다.

"베이잇타다르 베이잇탈레 베이잇탈랄……."(영광되고 높여지고 찬양받으소서…….)

카디시에는 매우 반복적인 어조의 만트라와 같이 속삭이는 말이 들리는데, 그것은 히브리어가 아닌 아람어••다.

전승에 따르면 신의 사자使者인 천사들은 우리의 모든 기도들을 중간에서 가로채서 그것들을 천구天球로 나를 수 있다. 그들

• 일종의 탄원 기도로 사제가 선창하고 신자들이 응답하는 형태의 기도.

•• 아람어는 고대 중동의 아람 지방(시리아)에서 사용되던 방언으로 아시리아, 바빌론, 페르시아 등에서 널리 사용되었다. 이스라엘 민족은 가나안 땅에 정착하고 히브리어를 사용했지만 '바빌론 유수' 때 신바빌로니아 제국으로 끌려가면서 그곳의 언어인 아람어를 통용하게 되었다. 『구약성서』는 히브리어로 기록되어 있지만 일부는 아람어로 쓰여 있다.

은 인간이 이 땅의 모든 언어와 방언 들로 표현하는 말을 전부 이해할 수 있었을 것이다. 딱 하나, 아람어를 제외하고. 어째서 이 언어만은 숙달할 수 없는 걸까?

그들이 우리의 아람어 기도를 중간에서 가로챌 수 없는 이유는 이 기도가 창조주께 직접 가닿을 수 있기 때문이다. 이 짧은 이야기는 다른 많은 기도들 가운데 카디시에 구별되는 지위를, 거의 마법적인 기도의 지위를 부여하는 데 기여한다.

다른 탈무드의 전승들도 카디시에 기묘한 힘을 선사하고, 이 기도가 조상의 전례 가운데에서 가장 강력한 전례를 이룬다고 단언한다. 그러니까 고인을 추모하며 카디시를 낭송함으로써 그의 영혼이 창조주와 합일하는 숭고한 높이로까지 나아갈 때 더 빨리 올라갈 수 있게 해준다는 것이다.

이 아람어 기도와 관련해서 더욱 세속적인 설명도 있다. 탈무드 랍비 시대에는 대부분의 사람들이 아람어를 이해했다. 애도자의 기도는 사람들 개개인이 이해할 수 있는 참여적이고 민주적인 전례, 누구도 함부로 빼앗을 수 없을 애도의 말이 되어야 했던 것이다.

유대교는 성직자를 전혀 인정하지 않는다. 그러므로 랍비가 수행하는 모든 일은 원칙적으로 다른 누군가에 의해 실행될 수 있고 발화될 수 있다. 랍비는 공동체로부터 학식을 인정받고 그들의 지도자로 선택된 사람일 뿐이지 절대, 그나 그녀는 하느님과 인간을 매개하는 자가 아니다.

누구나 카디시를 낭송할 수 있어야 한다. 수긍하지 못하는 사람들도 있지만…….

정통파 유대인들 가운데, 이 기도는 오로지 남성들만이 낭송할 수 있다는 편협한 시선을 가지고, 여성은 이 기도를 발화할 수 없고 발화해서도 안 된다고 여기는 사람들이 있다. 골수 보수주의자들은 여성이 카디시를 낭송하는 것을 중대한 위반으로 치부하고, 여성이 절대 차지해서는 안 되는 자리를 침탈한 것으로 간주하는 입장을 고수한다.

그날 베유 일가의 요청으로 프랑스의 최고 랍비 옆에서 카디시를 낭송한 나는, 한 정통파 성향의 대형 유대교 언론사가 자사 웹사이트에 가장 중요한 정보를, '세뇌'라는 제목의 일 면 머리기사로 실었다는 사실을 발견했다. 기사에는 이렇게 적혀 있었다. "아니다, 전국 일간지들에 보도된 바와 달리 '랍비' 오르빌뢰르는 카디시를 낭송하지 않았다." 내 직함을 인용부호로 묶고, 내 소임의 적법성과, 이러한 위반 행위가 실제로 벌어졌다는 의식을 한꺼번에 입막음하는 것이 그들에게는 후대를 위해 시급한 일처럼 보였다. 무엇보다 선례를 만들지 않으려고 안간힘을 쓰는 게 느껴졌다.

이 일화가 이토록 유명한 투쟁에 참여한 여성의 장례식 날 벌어지지 않았더라면, 그저 피식 웃고 지나갔을지 모른다. 시몬 베유의 무덤에서 여성의 목소리를 지워버린 행위가 그녀의 투쟁 현안을 탁월하게 증명해준 셈이다.

만약 저승에서 시몬 베유가 우리에게 여성의 입을 막으려 하는 자들의 작태를 고발하고자 했다면, 과연 이대로 넘어갔을까? 시몬은 여성의 권리를 위한 투쟁이 한없이 계속된다는 사실과, 그 투쟁에서 어느 것도 당연하게 받아들여서는 안 된다는 사실을 알고 있었다. 여러 번, 시몬은 투쟁하기 위해서 비방자들의 머리 위에 '물통'을 끼얹을 줄 알아야 한다고, 그래야 멀뚱히 '골통' 취급을 당하지 않으리라는 것을 증명해 보였다.

시몬은 자신의 무덤가에서까지 우리와 함께 '여성의 신념을 나누'었다. 심지어 삶의 저편에서도 그 일을 이뤄냈다. 남녀가 각자 자리를 차지할 수 있었던 카디시를, 자신이 참여한 투쟁의 형상을 방불케 하는 그 기도를 묘지에 울려퍼지게 하면서.

시몬 베유는 오늘날에도 여전히, 오랫동안 남자들로만 구성돼온—그리고 일부는 지금도 그들로만 구성되어 있는—정계, 종교계 그리고 이 모든 '노 우먼스 랜즈no-woman's lands'의 모임에서, 우리에게 절대 포기하지 말고 모험을 감행하라고 권하는 것만 같다. 랍비가 되기 위한 나의 길 위에서도 시몬 베유의 목소리가 울렸다. 지금 서 있는 자리에서 여성이 서 있을 가능성이나 적법성이 문제시될 때마다 시몬의 목소리가 울려퍼진다.

일 년 뒤 마르셀린은 팡테옹 앞에서 자신의 절친이 그곳에 안장되는 모습을 지켜봤다. 한 '비르케나우의 딸'에게 아버지의 나라는 고마움을 표할 수 있었다. 그리고 머지않아 마르셀린 역시 흉내낼 수 없는 방식으로 작별을 고했다. 그것은 최고의 재능을 가진 마술사들에게나 가능한 현란한 마술이었다. 역시 대단한 마르셀린!

마술사는 사물을 나타나게 하거나 사라지게 할 때 완벽에 가까운 신기루로 관객들의 눈을 현혹한다. 아브라카다브라……. 이 말은 마치 계약처럼 모두에게 알려져 있지만, 그것이 아람어 표현이라는 사실은 대부분 모른다.

아람어로 '아브라카다브라Abracadabra'는 문자 그대로 *'아브라 abra'*(이루다) *'카다브라cadabra'*(말한 대로)를 의미한다. '말한 대로 이루어지리라'라는 발화 자체가 어떤 행위를 수반하는 수행적 발화의 특성이다. 언어는 그 이전에 존재하지 않았던 현실을 만든다. 한마디 말로 세상이 달라지는 것이다.

많은 경우에 유대교 전례들이 보여주듯이 유대교는 말에 대한 날카로운 의식意識이 있다. 특히 그것을 공식적으로 상기하면서 발화의 힘, 다시 말해서 세상 사람들을 변화시키고, 살리기도 죽이기도 하는 말의 능력을 환기하는 날에는 더욱 두드러진다.

그날이 되면 거의 마법에 이끌리듯, 유대인들은 말에 대한 각자의 의식을 고백하기 위해 일제히 시너고그(유대교 회당)에 모인다. 예배 장소에 드나드는 일이 없는 유대인들도, 일 년 중 딱 하루를 제외하면 시너고그를 찾을 일이 없는 유대인들도 약속을 잡고, 약간 경멸조로 일컬어지곤 하는 '키푸르의 유대인들'이 된다. 그러고는 대속죄일 '욤 키푸르'•의 가장 유명한 유대 기도의 말을 아람어로 낭송한다. '콜 니드레'••라고 부르는 유례없는 아브라카다브라를.

"콜 니드레, 베사레이, 바하라메, 베쿠나메……."

의례는 항상 동일하다. 해질녘에 상징적인 법정이 열리면 각자 그곳에 소환되어 자신의 죄를 인정하고 간곡히 용서를 구하는 것이다. 선율은 비통하고, 가사는 모든 유대인들에게 그들의 발언이 얼마나 헛되었고, 그들의 약속이 얼마나 무익했는지 인정하게끔 한다. 공개재판이 열리고 모두가 유죄를 선고받는다.

• Yom Kippur. 히브리어로 '대속죄일'을 가리킨다. 모세가 금송아지 우상을 숭배한 이스라엘 민족을 대신하여 하느님께 용서를 받고 두 번째 십계명을 받아 내려온 날에서 유래한다. 유대인들은 이날 죄를 회개하면서 하루 종일 금식하고 예배드린다.

•• Kol Nidré. '모든 서약들'이라는 뜻으로 대속죄일 저녁 예배 초에 부르는 기도문이다. 지키지 못하거나 어긴 계율들, 말로써 지은 모든 죄들을 용서받길 기원한다.

2018년 9월 18일 '욤 키푸르' 저녁에 '콜 니드레'의 말이 모든 시너고그에서 울리고 수천 명의 사람들이 법정에 출두해 있을 때, 마르셀린은 그 법정 소환에 코웃음 치기로 결정했다. 그녀는 병실에서 전화기 너머로 법정 개시의 첫 음을 들려주는 친구들에게 말했다. "저리 꺼지라고!"

그날 밤 나는 마르셀린의 곁에 있어 주지 못했다. 기꺼이 재범자가 되는 우리 모두를 위한 이 기도문을 낭송하고 있었기 때문이다. 하지만 할 수만 있었다면, 나는 우리가 그토록 함께 웃었던 이 이야기를 그녀에게 마지막으로 들려줬을 것이다.

'욤 키푸르'에 랍비가 시너고그 안쪽에서, 혼자 열을 내며 누군가와 말다툼하는 것처럼 보이는 남자를 발견한다. 랍비는 그에게 다가가서 말한다.

"도대체 누구랑 얘기하는 겁니까?"

그러자 남자는 대답한다.

"주님과 대화 중이었습니다. 그분한테 내가 말씀드렸죠. '제가 저지른 일에 대해서 용서를 구하고 싶습니다만, 솔직히 말해서 전 아주 끔찍한 짓은 한 번도 저지른 적이 없어요. 하느님, 당신과 달리 말이죠. 이 세상 꼴 좀 한번 보세요, 우리를 난도질한 고통, 아픔, 대참사를 말입니다. 하느님, 당신이야말로 우리한테 용서를 구하셔야 합니다!'"

그의 말을 들은 랍비는 묻는다.

"그래서 대화는 어떻게 끝났습니까?"

남자가 말하기를,

"그야 뭐, 이렇게 말씀드렸죠. '제가 당신을 용서하고 당신이 저를 용서해서 서로 퉁칩시다!'라고요."

그러자 랍비는 벌컥 화를 내면서 말한다.

"아니 이 한심한 사람아, 그렇게 거저 하느님을 빠져나가게 놓아줘?"

이 이야기 속 랍비처럼 마르셀린은 유대 전통에서 '후츠파 *H'outspa*'(배짱)가 자리할 수 있는 가능성이 실로 막대하다는 사실을 완벽히 알고 있었다. 인간은 자신의 심판의 날이라도 재판관에게 해명을 요구할 수 있다. 하느님을 거저 빠져나가도록 놓아주지 않고, 그분의 무자비함을 비난할 수 있다. 심지어 '키푸르'의 저녁에도 삶을 유예하고자 기도드리는 사람들의 고백 속에서 다른 재판이 열릴 수 있고, 신을 직접 피고석에 소환할 수 있다.

나는 하느님에 대한 이 문제 제기가 많은 전통 교리들에 반한다는 사실을 안다. 그것을 신성모독으로 간주할 사람들도 있을 것이다. 그들에게는 그것이 사랑으로 충만한 하느님—우리로서는 헤아릴 수 없을, 마땅히 자비로운 길들로 이끄시는 그분—

의 개념과 상반되게 보일 것이다. 하지만 유대 전통에서 이 대담함은 다른 많은 목소리들 옆에 적법한 자리를 차지한다. 수많은 텍스트와 이야기 들이 이 뻔뻔함을 소환하고 인간에 대한 신의 과실에 책임을 지우기까지 한다. 인간은 계약 조항의 불이행, 위험에 처한 민족에 대한 방임 혹은 살인 행위 공모를 이유로 그분에게 정당하게 등을 돌릴 수 있다.

'비르케나우의 딸'은 그 사실을 잘 알았다. 그분에게 해명을 요구할 이유들이 수두룩했던 그녀이잖은가. 그분을 마주 보고 한마디 하러 가기로 결심하고, 소환을 뒤집어 하느님을 호출하기에 이 '키푸르' 저녁만큼 좋은 때가 어디 있단 말인가. 나는 마르셀린이 자신의 최후 심판의 날에 천상의 법정 앞에 서 있는 모습을 상상하면, 정말로 하느님이 거저 빠져나가지 못할 것만 같았다.

저승에 있는 천상의 법정에서 이제 두 대리인이 재회했다. 한 사람은 여성의 입장을 변론하고 다른 한 사람은 살해당한 인류의 목소리를 실어나른다.

누군가는 말할 것이다. 시몬도 마르셀린도 저승을 믿지 않았다고, 저승의 가능성에 대해서 두 사람 모두 어깨를 으쓱해 보였을 거라고(아니면 경우에 따라 마리화나 한 대를 피우거나). 이에 대해 나는 전혀 아는 바가 없다. 하지만 마르셀린이 확실한 무신론자였다는 것을 의심할 만한 몇 가지 이유는 있다.

마르셀린은 사망하기 몇 달 전에 실신해서 병원에 입원해 있었다. 그녀는 오랜 혼수상태에 빠져 있다가 모든 의학적 예측과 반대로 우리 곁으로 돌아왔다. 나는 마르셀린과도 잘 아는 오드레라는 친구와 함께 그녀의 병문안을 갔다. 마르셀린이 우리에게 자신의 생환과, 죽음이 자신을 거두어가려 하지 않았던 방식에 대해서 그렇게 곧이곧대로 이야기해주리라 예상하지 못했다.

우리는 마르셀린의 병상에 앉아서 온갖 이야기를 나누며 병실에서 흡연을 금지하는 상식과 그 기준을 저주했다. 언제나 그렇듯 우리는 웃었고, 마르셀린은 '우리에게만' 자신의 최근 여행에 대해 세세하게 들려주고 싶다면서 그게 틀림없이 자신이 다음에 쓸 책의 주제가 될 것이라고 덧붙였다. "혼수상태에서 그들을 봤다고 한번 상상해봐! 그들이 마중 나와서 나를 판자 나라로 데려갔다니까."

우리가 의아해하는 시선으로 바라보자 마르셀린이 한마디 부언했다. "거기에 시몬이 있었어, 시몬도 그들이랑 같이. 그리고 결국 날 여기로 바래다준 사람이 시몬이야. 난 아직 때가 안 됐대."

그러니까 마르셀린이 우리 곁으로 돌아올 수 있었던 것은 다시몬 덕분이었다. 그런데 마르셀린과 동행했던 '그들'은 누구였을까? 그리고 그녀를 데려가려고 한 그 '판자의 나라'는 과연 어떤 곳이었을까?

우리가 사망하는 날에 누군가 우리를 데리러 온다고 말하는 유대교 신비주의(카발라)의 모든 이야기들을 나는 떠올렸다. 친지들이 갑작스레 나타나서 우리를 다른 곳, 그러니까 '천사들'이나 사랑했던 사람들에게로 안내해줄 것이고, 바로 이들이 이 세상을 떠나는 우리와 동반해줄 것이라고 이야기들은 말한다. 비단 유대교라는 전통에서만 전해지는 이야기가 아니다.

실재든, 환각적 존재든, 초자연적 현상이든, 뇌의 저산소증이 초래한 결과든 간에 아무래도 상관없다. 마르셀린은 거의 죽을 뻔했던 혼수상태에서 자신이 혼자가 아니었다는 사실을 알았다. 그리고 천상에서 그녀를 호위해준 이들 가운데에는 분명 또 다른 '비르케나우의 딸'도 있었다. 그녀는 마르셀린을 잠깐 방문해서 다시 이곳에 데려다주었다. 마르셀린의 시간이 아직 남아 있었기 때문이다.

또 한 번, 죽음은 마르셀린을 거두어가지 않았다.

유대 전통, 특히 『성서』에서 지극히 드물지만 마치 기이한 면역을 지닌 것처럼 죽음을 피할 수 있는 사람들이 있다고 전해진다. 그들 중에 엘리야라는 유명한 선지자가 있는데, 그는 불 소용돌이 속으로 사라진다. 토라는 그의 죽음에 관해서 일절 언급하지 않고 이 신비로운 비상만을 언급할 뿐이어서, 주해자들은 그가 기적적으로 죽지 않고 떠난 것이라고 결론짓는다.

전승에 따르면 엘리야가 우리를 그토록 자주 방문하러 돌아오는 것도, 그가 세상에 다시 나타날 수 있었던 것도 그 때문이다. 실제로는 이 세상을 단 한 번도 떠난 적 없으니까. '페샤'• 저녁마다 이집트 탈출을 기념하는 모든 유대인 가정이 그를 환대한다. 그를 위해서 집집마다 문을 열어놓고, 마치 손님을 기다리고 있었다는 듯이 식탁 위에 올려놓은 그의 술잔을 정성껏 채운다. 그는 이야기를 통해서 아이의 할례식 때마다 각 세대를 방문한다고도 전해진다. 그는 계약의 갱신을, 그와는 달리 언젠가 죽기 마련이지만 죽기 전까지 살 수 있는 존재의 도래를 증명하는 자로서 초대될 것이다.••

엘리야는 어디서든 불쑥 나타나, 유대인들이 대대손손 생명

• Pessah. 유월절, 이스라엘인의 조상이 이집트에서 탈출한 사건을 기념하는 유대인의 축제일.

•• 유대인 남아는 생후 8일째 되는 날에 유대 의식에 따라 할례를 받는다. 유대인에게 할례는 하느님과 맺은 계약의 징표다. 아브라함을 민족의 조상으로 삼는 계약을 맺을 때, 하느님은 계약의 징표로 할례를 내세웠다.

을 선택하는 방식을 지켜본다. 무슨 일이 있더라도, 특히 그들의 주변을 그토록 배회하던 죽음을 무릅쓰면서까지 생명을 선택하는 유대인들을 증명하러 오는 것이다. 엘리야는 사람들이 그를 위해 마련해놓은 특별석에 앉아 성스러운 계승의 최초 목격자가 된다.

마르셀린의 병문안을 간 날, 내게는 그녀가 이 선지자의 계승자처럼 보였다. 엘리야처럼 죽음으로부터 면역돼서, 그와 같이 역사 속 모든 '*레하임*'들의 증인으로서 영원히 우리 곁에 존재하는 임무를 수행하는 것처럼 보였다. 마르셀린은 질병을 피하는 불멸의 능력을 거머쥔 것 같았고, 그래서 그녀가 '판자의 나라'라고 명명했던 무척이나 생경한 그곳으로 결코 가지 않을 것 같았다.

도대체 마르셀린은 어떤 판자들을 죽음과 연관 지었던 걸까? 그녀의 수많은 친구들의 관을 짰던 나무판자를 말하는 것이었을까? 아니면 아우슈비츠의 '*코야*Coyas'를, 매일 밤 죽음이 방문하던 그 끔찍한 수용소의 침대 틀을 떠올렸던 것일까?

마르셀린은 자신의 다음 책에서 그것을 설명해주겠다고 예고했었다. 우리에게 그러기로 약속했었다. 하지만 '다른 곳으로 변론하러' 떠나면서 우리에게 이 수수께끼를 남긴다. 마르셀린은 자주 그랬던 것처럼 우리에게 이렇게 속삭였을 것이다. "오, 열라 알아서 해봐!"

마르셀린에게 이 헌사를 쓰며 그녀가 떠나는 바람에 혼자 '열라' 애쓰면서도 나 역시 누군가 동행하는 기분이 든다.

마르셀린은 천 가지 방식으로 나를 호위하는데, 다른 많은 사람들도 같은 기분을 느낀다는 것을 나는 안다. 최근 몇 년간 나는 마르셀린과의 대화가 얼마나 그칠 줄 모르고 계속 이어지는지 털어놓는 수많은 사람들, 특히 여자들을 자주 만났다. 나는 사후에 이토록 많은 사람들과 대화할 줄 아는 사람은 한 번도 본 적이 없다.

이 글을 쓰기 직전에 나는 오드레에게 전화를 걸어서, 그녀도 나처럼 간혹 마르셀린의 병문안을 갔던 날을 떠올리는지 물었다. 오드레 역시 우리의 기이한 대화를 전혀 잊지 않고 있었다. 전화를 끊고 나서 오드레는 한 여성지에서 우연히 발견한 마르셀린의 인터뷰를 나에게 보내주었다. 거기에 이런 말이 적혀 있었다.

"살아남기 위해 각자 알아서 살아가야 하는 수용소에서, 아주 강력한 연대의 순간들이 있었다. 내가 고열에 시달리던 그날도 그랬다. 참호들이 파헤쳐진 지대 부근에서 내 절친한 친구들이 나를 판자로 덮여 있던 구멍에 숨겨준 덕분에, 나는 그곳에서

쉴 수 있었다."•

마르셀린은 언젠가 땅 위에서 죽음이 그녀를 찾고 있을 때, 땅 아래에 숨어 생명을 부지할 수 있었다. 판자 저편, 그러니까 그녀를 살린 무덤 위에서 한 무리의 여자들이 불침번을 섰다. 그날 그녀들 덕분에 마르셀린은 되살아날 수 있었고, '판자의 나라'와 그곳의 공포로부터 오랫동안 멀찌감치 떨어져 있으리라 다짐했을 것이다.

마르셀린을 살려준 여자들 덕분에 마르셀린은 살아 있을 수 있었다. 그리고 마르셀린 역시 다른 여자들을 살렸다. 그녀는 그들 모두에게 살며, 사랑하라고 말했다.

2018년 9월 21일 몽파르나스 묘지에서 마르셀린이 영면할 수 있도록 그녀를 땅에 묻으며, 우리 모두 그 사실을 자각했다.

• [원주] 「시몬 베유, 나와 다른 쌍둥이 자매Simone Veil, ma jumelle contradictoire」, 『마리클레르Marie-Claire』, 2018년 5월호.

이사악의 형

질문에 빠지다

그들이 아이에게 말했다. “여기 랍비가 오셨어. 너하고 하고 싶은 말이 있으시대. 물어보고 싶은 걸 모두 말씀드리면, 랍비가 다 대답해주실 거야.”

나는 그 말이 사실이 아니라는 걸 알았고, 어쩌면 아이가 감히 표현할 실재적인 질문들에 내가 해줄 만한 적당한 대답이 아예 없으리라는 것도 잘 알았다. 어른들은 입 밖으로 꺼내지 않는 아이들의 이런 질문들—왜 걔 동생이 죽은 거예요? 왜 하필 걔한테 그런 일이 일어난 건데요? 언제쯤 걔네 엄마가 눈물을 그치실까요?—에 누가 과연 대답해줄 수 있을까.

장례식이 다음 날 치러질 예정이었고, 나는 서둘러 아이에게 사람들이 그곳에서 하려는 일을 말해줘야 한다는 것을 알았다. 아이가 이사악이 ‘누워 있는’ 작은 상자 앞에 서기 전에. 아이는 분명 우리가 말한 대로 믿을 것이다. 하지만 입만 열면 "우리가 여기에서 널 지켜줄게" "우리만 믿어, 아무 일 없을 거야"라고 말하는 우리의 말, 어른들의 말이 과연 무슨 소용 있을까?

아이의 부모는 아이를 장례식에 데려가도 괜찮을지 확신하지 못했다. 그곳은 아이가 있을 자리가 아니라고 생각했다. 아이를 집에 남겨두는 편이, 묘지에서 멀리 떨어뜨리는 편이 오히려 나을지도 몰랐다. 하지만 이 여덟 살짜리 꼬마 아이는 장례식에 가기로 큰마음을 먹은 터였다.

이사악의 형은 울지 않았다. 내가 거실에 들어섰을 때, 그는 텔레비전을 보느라 눈 하나 깜빡이지 않았다. 나를 보는 둥 마는 둥했다. 아이는 굉장히 몰입하고 있는 것 같았고, 내가 옆에 앉아도 되겠느냐고 물었을 때에도 겨우 고개만 까닥였다.

아이의 시선은 〈레고 시티Lego City〉라는 제목의 애니메이션에 고정되어 있었다. 우리 모두가 어릴 적에 갖고 놀던 장난감 레고의 애니메이션 버전이었다. 화면 속에서 서로 끼워 맞춰지는 작은 블록들의 세상이 분주히 움직였다. 정사각형과 직사각형 블록들, 조립되기도 하고, 분해되기도 하고, 네모반듯한 구조물들을 만들고, 우리가 마음대로 머리나 몸통을 바꾸면서 서로 이야기를 나눌 수 있게 도와주던.

그들의 이야기는 전날 난폭하게 중단되었고, 그들 주변으로 세상이 송두리째 무너졌다.

무너져내린 것은 그들의 세상, 그들의 가족 혹은 친지들만의 세상이 아니라 온 세상이다. 한 아이의 죽음이 초래하는 것이 바로 이것이다. 우리 모두의 세상의 와해. 인류는 미래가 한순간에 과거가 되어버린 부모의 모습이 되어 형언할 수 없는 혼돈의 집단의식에 빠진다. 어린 이사악은 숨을 거두었다. 우리가 할 수 있는 말로는 도저히 그들이 목격한 아포칼립스(세상 종말)를 묘사할 수 없을 것이다. 그들의 아파트는 서서히 말을 찾는 가족들, 친지들, 친구들로 빽빽이 들어찼다.

나는 항상 애도자들에게 당부한다. 그들이 떠나보낸 사랑하는 사람이 누구건 간에 그로 인한 고통 외에도 생경한 현상을 경험할 각오를 해야 한다고. 그 현상이란 말의 공허함과 말하는 사람들의 서투름이다. 당신을 조문하러 오거나 그곳에서 당신과 함께하고자 하는 사람들은 당신을 위로한답시고 실언을 하기 일쑤이고, 간혹 망발까지 내뱉는 결례를 범한다. 예컨대 "제일 좋은 사람들이 제일 먼저 세상을 떠난다"라거나 "적어도 그가 더이상 고통스럽지 않을 것"이라거나 "당신은 당신에게 주어진 이 시련을 감당할 수 있을 것"이라며 되지도 않는 소리에 의미를 부여하려는 갖은 시도를 감행한다. 애도자들은 거기에 대비해 마음의 준비를 해야 한다.

때로는 지극히 역설적으로, 조문 온 사람들이 직접 당하지 않은 불행에 속절없이 무너져서 도리어 당사자들에게 위로를 받는 일이 생기기도 한다. 그러면 애도자들은 자신들이 외부자들을 달랠 말을 찾고 있다는 사실을 문득 깨닫게 된다. 결국 자신들을 지지해주러 온 사람들에게 눈물을 닦을 수 있게 손수건을 내밀고, 얼결에 저들의 위로자들이 되는 것이다. 이렇게 비극적으로, 실제로는 맞바꿀 수 없는 역할이 서로 뒤바뀌게 된다.

세상 사람들이 가까운 사람을 떠나보낸 이들에게 보이는 선의로 가득한 이 서툰 태도는 그 떠난 사람이 자식일 때 더욱 두드러진다. 왜냐하면 위로의 말을 건네는 모든 사람들이 저마다 유한성 앞에서 느끼는 자신의 불편함에 대처해야 하고, 또 인간의 가장 극심한 공포인 자식의 죽음을 대면해야 하기 때문이다.

이러한 비극을 경험한 부모는 하나같이 말한다. 소식을 듣는 순간 그들의 발아래로 땅이 꺼지는 느낌이 든다고. 뿐만 아니라 지진이 일면서 그들을 보호해주던 영토 바깥으로 영원히 추방되어 그곳에 다시는 발 디디지 못할 것 같은 기분이 든다고. 그들은 결국 이 비극을 면한 자들의 땅과 영원히 단절된 채 섬에 고립되는 것이다. 이 애도는 요컨대 당신이 이제 세상의 바깥과 시간의 바깥에서, 한 번 들어가면 영영 나올 수 없는 장소에서 산다는 얘기다. 자식의 죽음은 동일한 경험을 한 사람들을 제외하고는 누구도 방문할 수 없는 땅으로 추방되는 것이다.

그렇게 해서 당신은 모든 이민자들처럼 새로운 언어를 발견해야 하고, 그 언어로 더듬더듬 말하게 된다. 당신이 알던 어떤 말로도 이제부터 당신이 살아야 할 경험을 입에 담을 수 없을 것이다.

프랑스어에는 대부분의 언어처럼, 자식을 잃은 어머니나 아버지를 지칭하는 단어가 없다. 우리는 부모를 여의면 고아가 되고, 배우자를 잃으면 과부나 홀아비가 된다. 그렇다면 자식을 잃었을 때 우리는 뭐가 될까? 마치 명명하지 않으면 그 일이 일어나지 않을 수 있다고 믿는 것 같고, 그 미신을 따라 그런 불상사가 일어나지 않도록 단단히 입단속을 하는 것만 같다.

반면 히브리어에는 이 단어가 존재한다. 히브리어로 자식을 여읜 부모를 '샤쿨*Shakoul*'이라고 부르는데 번역이 거의 불가능한 표현이다. 그것은 식물 용어에서 차용한 것으로, 열매가 수확된 포도나무 가지라는 뜻이다. 자식을 잃은 부모는 히브리어에서 과실을 딴 나무줄기나 과립이 떨어진 포도송이의 이미지로 묘사된다. 수액이 줄기 속에서 흐르지만 이제 갈 곳을 잃고 눈芽이 메마른다. 생의 조각이 그것을 떠났기 때문이다.

이사악의 부모는 그들의 큰아들에게 어떻게 말해야 할지 몰랐고, 그래서 아이가 이해할 수 있는 언어—우리 모두가 갖고 있지 않을 말들—로 내가 아이에게 이야기해보겠다고 제안했던 것이다.

나는 아이의 질문을 듣기 위해서 아이에게 바짝 다가앉았다. 〈레고 시티〉로 망명한 아이의 시선에는 질문들이 대롱대롱 매달려 있었다.

아이의 옆에서 그 생동하는 세상을 바라보며 나는 이 레고 세계가 대대손손 이토록 사람들의 마음을 잡아끄는 이유가 뭘까 자문했다. 이 작은 피규어들은 결국에 삶이 절대 지킬 수 없는 약속을 표현하는 것처럼 보였다. 즉, 고통 없이 서로 붙거나 분리될 수 있고, 마음만 먹으면 아무것도 망가뜨리지 않고 붙어 있던 자국도, 갈라진 상처도 남기지 않고 떼어낼 수 있는 가능성 말이다.

자막이 올라올 때 나는 텔레비전을 끄고 아이에게 놀고 싶은지 아니면 말하고 싶은지 물었다. 그 순간에 아이는 내게 공들여 준비한 듯 보이는 질문을 던졌다.

"난 이사악이 어디에 갔는지 알고 싶어요. 어디를 봐야 동생을 찾을 수 있는지 모르겠어요."

나는 아이가 '찾는다'는 말을 어떤 의미로 쓴 건지 이해하려고 애썼다. 어느 쪽을 바라봐야 동생을 다시 만날 수 있느냐는 뜻이었을까? 비행사에게 말을 거는 어린 왕자처럼, 아이는 자신의 고통을 그려줄 수 있는 어른으로서 나의 능력을 평가하려는 것처럼 보였다.

그 순간 아이는 내게 자신의 질문을 다르게 표현해주었다.

"난 이사악이 어디에 갔는지 알고 싶어요. 엄마 아빠는 어딘지 말할 줄 모르거든요. 결정을 못하나 봐요. 내일 사람들이 동생을 땅에 묻어줄 거라고 해놓고, 또 동생이 하늘로 갔대요. 그래서 모르겠어요. 동생은 땅으로 내려간 거예요, 아니면 하늘로 올라간 거예요? 어디를 봐야 동생을 찾을 수 있는지 알고 싶어요."

아무도 죽음에 대해 말할 줄 모른다. 아마도 그것이 죽음에 대해서 내릴 수 있는 가장 정확한 정의일 것이다. 죽음은 말을 벗어나는데, 죽음이 정확히 발화의 끝에 도장을 찍기 때문이다. 그것은 떠난 자의 발화의 끝일 뿐 아니라, 그의 뒤에 살아남아 충격 속에서 늘 언어를 오용할 수밖에 없는 자들의 발화의 끝이기도 하다. 애도 속에서 말은 의미작용을 멈추기 때문이다. 의미 있는 것이 더이상 없음을 전하는 데에만 종종 쓰일 뿐이다.

그래서 사람들이 "그가 가버렸다" "그가 하늘에 있다" 아니면 "그가 우리를 떠났다"라고 말하는 것이고, 그러면 아이는, 혹은 언어학자나 시인은, 그러니까 말이 가진 힘 — 그러나 너무도 자주 부정당하는 힘 — 을 말에 부여하는 사람들은 이 발화에서 거짓을 발견한다. 이사악의 형은 어른들의 언어가 그에게 감추려고 애쓰는 모든 말을 들었던 것이고, 그래서 그의 부모가 그에게 하지 않으려고 했던 말을 내게 번역해달라고 요구했던 것이다.

우리는 아이들에게 죽음이 얼마나 불가사의한지 설명하는 것을 피하려고 자꾸 오락가락 말을 바꾼다. 우리의 거짓말들이 얼마나 아이들을 혼란에 빠뜨리고 그들을 지독히 고독하게 만드는지 이해하지 못한 채. 모순되는 은유를 들어 고인을 땅과 하늘에 동시에 안식시키면서, 우리는 죽음을 언급하지 않는 저 모든 말들로 도대체 무엇을 감추고 있는 걸까? 우리는 어린 왕자가 우리에게 기대하는 양을 왜 이토록 그려주길 거부하는 걸까?

랍비라는 내 직업을 통해서 나는 자주 언어의 무력無力을 의식했고, 그래서 속엣말을 털어놓아야만 한다. 나는 간혹 내 동료들 일부를 질투했다. 무엇보다 그들의 교리에 죽음에 관한 확고하고 확실한 언어가 있는 동료들을 부러워했다. 꼬집어 말하면 자신들의 종교 전통의 언어로, 확신에 찬 말을 건네며 당신을 안심시키는 수많은 신자들이 부러웠다. 어떤 사람들은 당신에게 당신의 영혼이 저승에 가서 "하느님과 천사들" 혹은 "하늘의 성인들에게 받아들여질 것"이고 "하늘의 옥좌 아래"나 "하느님의 오른쪽"에, "복자들의 왕국"이나 "순교자들의 낙원에 있을 것"이라고 보장한다……. 나는 정확한 교리와 성역화된 신앙을 가진 이 언어가 부럽다.

나는 랍비로서 나의 전통에 내가 길어낼 수 있었을 이 종말론적 대답의 보고寶庫가 없다는 사실을 받아들여야만 한다. 유대교는 사후를 염려하는 사람들에게 정해진 답을 주지 않는다. 나는 간혹 임박한 죽음에 대해 대화를 나누면서 상대방이 "난 어디로 갈까요?" 하고 물을 때마다 그에게 말하고 싶어 하는 이 내면의 목소리를 셀 수 없이 많이 들었다. '나도 몰라요!'

그 대신 나는 랍비의 가장 오래된 지혜에 버금가는 질문으로 ―늘 질문에 다른 질문으로 대답하는 조상 전래의 기술로― 그에게 이렇게 반문한다. "그럼 당신은요? 당신 생각엔 어디로 갈 것 같나요?"

때로는 이를 훨씬 이론적인 질문으로 달리 표현하는 사람도 있다. "그래서 유대교에선 죽음 이후의 삶을 뭐라고 하는데요?" 나는 '오락가락해요'라고 대답하고 싶은 마음을 꾹 억누르고 "그러니까 그게 좀 복잡해요" 하고 말을 아끼면서 유대교가 선택한 이 애매모호한 언어를 요약하려고 애쓴다.

사실 이런 사정이 있다.

토라는 죽음 이후의 삶에 대해 말하지 않는다. 인물들은 차례차례 사망하고 어떤 이들은 꽤 나이가 들어서 사망한다.• 노아부터 므두셀라,• 모든 가장들과 그들의 가족들이 사망한 날은, "그들의 조상에게로 돌아갔다"••라거나 "그들의 조상과 함께 안장되었다"•••라고만 쓰여 있다. 그들의 죽음은 단지 앞서간 선조들의 혈통에 그들을 포함시킬 뿐, 그들은 이제 자신들의 자손들이 살아가는 세상을 떠난다.

『성서』는 삶과 출생의 이야기다. 더욱이 히브리어로 '이야기'라는 단어 '톨레도트*toledot*'는 '출생'이라고 일컬어진다. 당신의 삶은 무엇보다 당신이 낳은 것으로 이야기된다.

토라는 망자들의 귀환도, 삶 이후에 그들을 기다리는 길도 언급하지 않고, 그들의 유령이나 부활, 천국이나 지옥도 말하지 않는다. 오히려 우리가 저승에 대해 품을 수 있는 모든 지나친 관심을 경계하는 것처럼 보이기도 한다. 토라는 점술이나 심령술의 사용을 금지한다. 주술이나 방부처리 등 히브리인들이 떠난 땅, '이집트의 관습'이라고 명명하는 모든 것에 반대한다. 피라미드나 호화로운 네크로폴리스(공동묘지)를 짓는 일은 결코 있을 수 없다. 게다가 토라에서 가장 위대한 인물인 모세는 알려진 무덤조차 없는 데다 아무도 그가 묻힌 곳을 알지 못한다. 그

• 에녹의 아들이자 노아의 할아버지인 므두셀라는 『성서』에서 최고령인 969년을 살고 죽었다. 노아는 오백 살이 지나서 셈과 함과 야벳을 낳고 950세를 살았다고 전해진다. 「창세기」 5장 참조.

•• [원주] 「창세기」 35:29 혹은 「창세기」 49:33 참조.

••• [원주] 「열왕기상」 2:10 참조.

래서 그의 무덤으로 묵념은 물론 헌화나 순례를 하러 갈 수도 없다.

죽은 사람들은 도대체 어디로 가는 걸까? 토라에서 명시적으로 언급되는 장소가 딱 한 군데 있다. 바로 망자들이 내려간다는 '스올*shéol*'• 이라는 곳이다. 지하 영토나 지하 세계 같은 곳일까? 텍스트는 딱히 그 장소에 대해서 언급하지 않는다. 그런데 단어의 어원이 의미심장하다. '스올'은 문자 그대로 '질문'을 의미하는 어근에서 유래한다. 그래서 우리는 그것을 이렇게도 표현할 수 있을 것이다. 우리는 모두 사후에 질문에 빠지고 다른 사람들은 답을 얻지 못한 채 남겨진다. 이 질문을 알아서 해결하라.

다양한 맥락에서 사후에 관한 여러 견해들이 부상한 것은 아주 오랜 세월이 흐른 뒤에 역사 속에서 선지자들의 책, 기원전 초기 시대의 문학, 탈무드 랍비들의 해석이 등장하면서부터였다. 이 훗날의 다른 텍스트들이 『성서』에서 부활에 관한 해석으로 추정되는 인용문을 끌어오면서, 토라가 죽음을 '끝'이라고 암시하는 부분에 부활의 개념을 포괄하기 시작한다.

에제키엘(에스겔)•• 이라는 선지자가 집단 부활의 가능성을 언

• [원주] 「창세기」 37:35 참조. "내가 나의 아들이 있는 스올로 내려가겠다."

•• 유다 왕국 말기의 제사장·선지자. 신의 심판과 은혜에 의한 이스라엘의 구원을 설파하여 고대 유대교의 기초를 닦았다.

급하는 유명한 인용문이 바로 이 경우다.• 그는 하느님이 무덤을 열어 주검의 마른 뼈들에 살을 입히고 그들을 되살리는 환상을 보았다. "오 내 백성아, 내가 무덤에서 너희를 끌어올려 너희를 이스라엘 땅으로 데리고 가리라."

에제키엘은 기원전 6세기 예루살렘의 첫 성전이 파괴된 후에 특별한 역사적 맥락 속에서 이 예언을 한다. 당시 바빌론••에 포로로 잡혀간 히브리인들은 시온•••으로 되돌아가 국가를 재건하길 희구한다. 여기에서 마른 뼈들의 소생에 관한 은유는 정치적 알레고리다. 하지만 역사적 맥락 바깥에서 해석된 이 이야기는 다른 교리의 지지대, 즉 죽은 자들의 부활에 대한 영원한 약속이 된다. 주해자들이 보기에는, 구원이 도래한다고 서술되는 것이다. 그렇다면 언제쯤 도래하는 걸까? 죽은 직후에? 메시아의 시대가 오면? 그 점에 대해서는 의견이 분분하다.

역사적 맥락, 문화적 상황과 외부 영향에 따라서 유대 사상은 서서히 그 종말론의 표현 기법과 사후에 대한 해석을 풍성하게 늘리고, 부활의 요소나 심지어 토라에 없는 듯 보이는 환생의 요소까지 거기에 접목한다.

• [원주] 「에제키엘서」 37장 참조.

•• 바빌론 유수는 기원전 6세기에 신바빌로니아에 정복당한 남유다 왕국의 백성들이 바빌론에 포로로 끌려간 일을 가리킨다. 유다인(유대인)들이 전 세계에 흩어지기 시작한 디아스포라의 역사적 시발점이다.

••• 시온은 고대 이스라엘과 그곳의 수도 예루살렘을 가리킨다.

역사와 외부의 영향은 유대 사상에 수많은 흔적을 남겼다. 대표적인 경우가 헬레니즘 세계의 흔적이다. 플라톤 철학은 육체와 정신을 분리하는 이원적 사고를 주입했다.

토라에는 이원론 개념이 아예 없다. 「창세기」에서 사람은 땅의 일부처럼 만들어지고 하느님이 그 안에 숨을 불어넣어 거기에 생명이 자리하게 된다. 존재는 이렇게 지상의 물질과 신의 숨이 결합된 것으로 정의된다. 만일 신의 숨이 증발하면 그저 먼지에서 먼지로 돌아가는 것이다.

그리 단정 짓지 말고 생각을 더 해보자고, 고대 로마 시대 현자들은 말했다. 그들 주변으로, 영혼을 완전한 실체로 만들고 독자적으로 존재할 수 있게 하는 이원론적 사고가 발달한다. 랍비들 역시 이 헬레니즘 철학에서 개념들을 차용하여 담론을 발전시킨다. 그러면서 별안간 육체는 먼지로 돌아가지만 영혼은 그것을 창조한 하느님께로 돌아간다고 주장한다.• 지금까지도 유대인의 장례식 때마다 읊조리는 말이다.

조금 더 세월이 흐르고 두 번째 성전이 파괴된 순간, 유대교 세계 내부에서조차 서로 상반되는 여러 종말론이 대립한다. 유대교의 각 종파는 사후에 대한 저들만의 해석을 발전시킨다. 사두개파처럼 사후에는 아무것도 없고 어떤 부활도 불가능하다고

• [원주] 「전도서」 12:7 참조.

여기는 사람들이 있는가 하면, 그들의 반대자인 바리새파는 사두개파와 정확히 반대되는 믿음을 가진다. 결국 이데올로기 전투에서 승리한 자들은 바리새파였다. 그들의 영향이 우세해지고 그들의 믿음이 결국 『탈무드』에서 빛을 보면서 오늘날 비교적 규범적이라 할 확신, 영혼 불멸과 메시아가 도래하는 순간에 죽은 자들의 부활에 관한 수많은 확신을 낳는다.

애도자들에게 역사 강의라도 해야 하는 걸까? 물론 그럴 필요는 없다. 그렇다고 해서 유대 전통 안에서 다성부로 말하는 이 목소리들을 그들에게 들려주지 못할 이유는 전혀 없다.

이 일치하지 않는 목소리들은 누적되어온 우리의 역사를 말해준다. 언젠가 이스라엘 시인 예후다 아미하이•가 주장한 바 있지 않은가. 유대 민족을 정의하는 것은 그들의 지리학도 유전학도 아닌 지질학이라고. 그러니까 "단층, 함몰, 퇴적층과 작열하는 용암"이라고 말이다.

우리의 정체성은 포개진 층들, 우리가 밟은 지층들, 우리가 마주친 문화 요소들, 그리고 우리의 전례와 언어에 영향을 끼친 믿음들로 켜켜이 구성된다. 이 겹겹의 층은 우리 역사와 우리가 치른 내적 투쟁과 우리가 외부로부터 받은 영향을 모두 반영한다. 이 모두가 공존하면서 전례와 기도와 정신에 흔적들을 남긴다.

• Yehuda Amichai(1924~2000).

귀를 기울이고자 하는 자라면 이 층들을 쉽게 포착할 수 있다. 유대인의 장례식 때마다 카디시를 읊기 직전에 우리는 무덤까지 고인과 동반하면서 *"엘 마레 라하밈el male rah'amim"*(자비로 가득한 신)이라고 불리는 전례 시편을 낭송한다. 이 비통한 텍스트 속에서 상반되는 목소리들과 역사들, 상충되지만 한데 어우러져 조상의 기도를 이루는 이미지들이 대화한다.

우리는 하느님이 "이 세상에서" 우리의 고인들에게 안식을 가져다줄 수 있기를 기도하면서 숨도 돌리지 않고 바로, 그들이 에덴동산으로 떠나 안식할 수 있기를 기도한다. 그들의 영혼은 "하늘에 높이 올라 숭고해지는" 동시에 살아남은 사람들의 "삶에 매달려" 이 세상에 머무른다.

이처럼 유대인들은 묘지에서 하나의 기도문으로 말한다. 죽은 자들은 땅과 하늘에 있고, 이곳과 저곳에 있으며, 고인들의 불멸의 영혼은 신과 결합하지만 그들은 오직 우리의 기억 속에만 존재한다고.

이사악의 부모는 몰랐겠지만, 그들이 자신들의 방식으로 아들에게 속삭였던 말이 바로 이것이다. 그리고 이사악의 형이 던진 질문에 필사적으로 대답해주려고 애쓰는 어른이 결국 이르게 되는 지점도 정확히 이곳이다. 우리의 죽은 자들을 찾기 위해서는 이 모든 방향을, 하늘과 땅을, 역사의 처음과 끝을 동시에 바라볼 줄 알아야 한다. 유대교가 단 하나의 믿음, 단 하나의 언어로 사후를 정의할 수 없는 이유가 여기에 있다.

유대교에서는 말의 불가능성 그 자체가 바로 죽음을 이야기하는 것이다. 말의 불가능성은 말을 넘어서는 것이고, 그것을 말하려면 양립할 수 없는 언어만을 사용해야 한다. 이것인 동시에 저것이기도 한 것을 받아들이고, 말이 들어설 자리가 없는 세상에 사는 것을 받아들여야 한다.

나는 애도자의 집에서 애도자와 이 불가능한 여정을 함께할 때, 몇 초 내지 몇 분 동안 그에게 건네야 하는 언어를 찾는다. 그 언어는 분명 어색하고 불완전하겠지만, 어쩌면 그것이 애도자에게는 그가 사랑한 존재의 '스올'을, 즉 이 사라짐이 그에게 떠민 질문을 인식하게 해줄지 모른다.

"난 이사악이 어디에 갔는지 알고 싶어요. 동생은 땅으로 내려간 거예요, 아니면 하늘로 올라간 거예요? 어디를 봐야 동생을 찾을 수 있는지 알고 싶어요."

나는 동생을 잃은 아이의 질문에 대답하기보다 아이에게 이야기를 들려줘야 할 것 같았다. 나는 이사악의 형에게 물었다. 『성서』에 나오는 이사악의 이야기를 아느냐고, 그 아이가 누구였고, 그 아이에게 무슨 일이 일어났는지 알고 있느냐고.

이사악은 아브라함과 사라의 아들로 유례없는 비극을 경험했다. 그는 아버지 손에 이끌려 산꼭대기로 올라가서 몸이 꽁꽁 묶인 채 죽을 고비를 겨우 넘겼다.

전승은 그날 이사악이 그 이전에 어떤 아들도 보지 못한 것을 보았다고 이야기한다. 그러니까 그의 머리 위로 칼을 치켜들고 그를 번제물로 바칠 준비를 하는 죽음을 정면으로 보았다고. 이사악은 기적적으로 구제되어 산을 다시 내려올 수 있었다. 그는 살았으나 무사한 것은 아니었다.

이사악은 훗날 성인이 되어서도 자신에게 일어났던 일의 흔적을 계속 간직했다고 토라는 이야기한다. 이사악의 몸에는 그가 겪은 일을 증명하는 징표가 새겨졌다.

이사악은 눈이 멀었다. 노화나 병환 때문에 앞을 볼 수 없게 된 것이 아니었다. 현자들에 따르면 그가 결코 입에 담지 못할 무언가를 눈으로 보았고, 그 광경이 눈에 영원히 아로새겨졌기 때문이다. 죽음을 정면으로 바라보고도 눈에 그 흔적이 남지 않을 자는 없을 것이다.

『성서』에서 이사악은 외아들이 아니었다. 그에게는 형이 있었다. 이스마엘이라는 사내아이였다. 그의 이름은 문자 그대로

'이스마-엘*isma-el*', 하느님이 듣는다는 의미다. 이 가족, 아브라함의 집에서 그의 두 아들, 두 형제는 이렇게 성장했을 것이다. 한 사람은 더이상 보지 못하고, 다른 한 사람은 자신의 목소리를 듣게 하는 법을 아는 채로.

내가 여기서 '성장했을 것'이라고 말하는 이유는 안타깝게도 이 이야기에서 두 아이는 형제 관계에서 벗어나 서로를 등진 채 살아가기 때문이다. 질투와 무언의 암시로 인해 그들 사이에 생겨난 경쟁과 증오가 지금껏 그들의 자손들에게까지 이어졌다. 그로 인해 그들은 서로를 보거나 서로를 듣지 못하고, 같은 땅에서 더더욱 살지 못하게 됐다. 적어도 그들은 그렇게 믿는다.•

『성서』에 따르면 그들은 딱 한 번, 한 곳에서 서로를 만났다. 바로 부친의 장례식 날, 묘지에서였다. 그렇게 두 사람은 나란히 서서 무덤을 파고 그들을 낳아준 자를 동반했을 것이다.

『성서』에서 이사악은 형과 시각을 잃고 살아남았다.

이승에서 이사악은 죽고 어떤 기적도 그를 살리지 못했다.

하지만 죽은 이사악조차 이 세상에 형을 남긴다. 그것도 평범한 형이 아니라, 이사악이 어디에 있는지 하늘과 땅에서 그를

• 아브라함의 아들 이사악은 유대교의 시조가 되고 이스마엘은 이슬람교의 시조가 된다. 형제인 이사악과 이스마엘의 후손은 가나안 땅(팔레스타인)을 차지하기 위해서 유혈 분쟁을 거듭해왔다.

찾기로 마음을 단단히 먹은 형을 말이다.

나는 이사악의 형이 던진 질문에 달리 대답하고 싶었지만 그에게 솔직해야 했다. 랍비는 여느 사람들보다 더 많은 답을 갖고 있지 않다고, 간혹 질문을 조금 더 가질 뿐이라고 그에게 말해줘야 했다.

나는 이사악이 정확히 어디에 있는지 모른다. 하지만 이사악의 가족이 영원한 사랑으로 이사악을 계속해서 찾을 것이고, 그의 죽음이 제기한 질문을 생생하게 간직하는 전통의 모든 언어로 말하리라는 것을 안다.

다음 날 우리는 묘지에서 이사악의 가족과 나란히 서서 무덤을 팠다. 죽은 아이가 그의 조상들을 만날 수 있도록, 그리고 살아 있는 아이가 자신이 누구인지 결코 잊지 않고 계속 좋은 형으로 남아 있을 수 있도록.

아리안

거의 나인 것

아리안이 방금 전 우리와 함께 저녁을 먹은 건물에서 커다란 돌계단을 밟고 내려온다. 아주 천천히 걸음을 내디디며 사랑하는 남자의 팔에 기대선다. 그녀의 모습은 온 문명을 떠받치는 풍요의 여신상과 놀라울 만큼 닮았다. 그녀의 풍만한 배, 어정쩡한 걸음걸이를 보며 오늘 밤 분명 아기가 태어나겠구나 하고 나는 생각한다.

아리안을 떠올릴 때마다 내 머릿속에는 항상 이 이미지가 떠오른다. 그날 저녁, 아리안에게서 넘쳐흐르던 것이 나에게 얼마만큼 그녀를 모방하도록 부추겼는지 나는 모른다. 며칠 뒤에 아리안의 딸이 태어났고, 정확히 십 개월 뒤에 내 딸이 태어났다. 출산을 기다리는 내 친구의 모습이 어쩌면 내 안에 똑같은 기다

림의 욕망을 잉태했는지도 모른다. 나는 그날 저녁에 임신한 게 아니었을까, 친구에게서 배어나던 여신의 정기精氣가 그 계단에서 내 무의식까지 흘러들어와서 내게 여신의 생식력이 스며든 것은 아니었을까.

이렇게 해서 우리는 차례차례 임신에 빠졌다. 임신에 빠지다……. 그런데 여기서 도대체 어떤 추락을 말하는 걸까?• 이 시기에 우리는 너무 높이 날아서 아무(것)도 우리를 떨어뜨릴 수 없었다.

그렇게 우리는 몇 개월 차로 엄마가 되었고, 엄마가 되면서 우리의 우정은 조금 더 긴밀해졌다. 우리 딸아이들은 영원한 친구가 될 것이고, 우리는 웃으며 아이들이 크는 모습을 지켜보리라고 말하곤 했다. 그리고 머지않아 우리 아이들에게 우리가 애정하던 뮤지컬코미디 영화의 주제곡 후렴구를, 특히 미셸 르그랑••

• '임신하다'라는 의미의 프랑스어 표현 'tombées enceintes'의 동사 'tomber'를 문제 삼고 있다. 동사 'tomber'가 흔히 '떨어지다, 전락하다'의 뜻으로 이해되기 때문에 이 표현은 임신한 여성을 마치 사고의 피해자처럼 생각하게 한다. 20세기까지 효과적인 피임법의 부재와 출산 중 사망의 위험으로 당시에 만연했던 임신에 대한 부정적 인식이 오늘날 프랑스어 표현에 고스란히 남아 있다.

•• Michel Legrand(1932~2019). 영화음악가. 자크 드미 감독의 뮤지컬 영화 〈셰르부르의 우산〉 〈로슈포르의 숙녀들Les parapluies de Cherbourg〉 등의 수많은 주제곡들을 만들었다.

이 작곡한 노래의 후렴구를 들려주리라고 했다. 이 선율은 우리의 소녀적 꿈을 이야기했고, 그래서 우리는 그것을 딸들에게 전해주기로 마음먹었다. 이 아이들은 거의 쌍둥이 자매나 다름없을 것이라고 믿었다. 어느 누구도 '쌍둥이자리 아래' 태어나지는 않았지만. "미 파 솔 라 미 레, 레 미 파 솔 솔 솔 레 도……."•

아리안은 나보다 몇 살 더 어렸지만 엄마가 되면서 나보다 언니 같았던 적이 한두 번이 아니었다. 아리안에게는 모든 일이 훨씬 수월해 보였고, 훨씬 자연스럽고 익숙해 보였다. 그녀는 갓난아이들의 욕구와 시간표를 맞추고 예상할 줄 아는 부류의 어머니, 수중에 항상 비스킷과 여벌 옷과 살균 물티슈를 꼼꼼하게 챙기는 부류의 어머니였다. 그녀가 프로였다면 나는 늘 아마추어 중에 아마추어였다. 내가 아이들의 학교 앞에서 그 사실을 얼마나 뼈저리게 깨닫고 무릎을 꿇어야 했는지 차마 헤아리지 못한다. 그러니까 간식 챙기는 것을 깜빡 잊고, 날씨를 확인하지 않아서 비옷을 미리 준비하지 못하고, 눈물이나 흘러내리는 콧물을 닦을 티슈를 가방에 넣어두지 않은 엄마는 나 혼자뿐이었다.

• 영화 〈로슈포르의 숙녀들〉의 주제곡 "쌍둥이 자매의 노래La Chanson des Jumelles" 가사 중에서.

아리안은 정반대였다. 결코 당황하는 법이 없었다. 마치 엄마로서의 역할에 딸려 오는 이 모든 의무들이 아리안에게는 전혀 부담되지 않는 것처럼. 마치 그 의무들이 엄마가 되기 전에, 늘 세심했던 그녀에게 원래부터 지워져 있었던 것처럼.

아리안은 그녀 방식대로 나에게 세파르딤 어머니를 보여주는 통속적인 판화였다. 나는 판에 박은 듯 그 이미지를 아주 완벽하게 빼닮은 그녀의 방식을 자주 놀리곤 했다. 그러면 아리안은 개의치 않는다는 듯이 어깨를 으쓱하며 내가 나의 아슈케나짐의 유산과 그 수천 년 된 신경증적 죄의식을 조금 더는 편이 오히려 나을 거라고 반박했다.• 두 어머니의 약간은 우스꽝스러운 언쟁에도 불구하고, 우리 '로슈포르의 숙녀들'은 무럭무럭 자랐고 몇 달 간격으로 첫 번째 초를 불고 이어 두 번째 초를 불었다.

• 세파르딤 어머니와 아슈케나짐 어머니에 대한 다음의 농담은 그들의 차이를 확연히 보여준다. "세파르딤 어머니는 항상 당신이 너무 말랐다고 여기고 당신이 충분히(혹은 제대로) 먹지 않아서 그런 것이라고 짐작하며 당신을 나무라고, 4분만 늦어도 당신을 걱정하고 적어도 일주일에 한 번 당신을 보지 못하면 당신에게 엽서를 보내며 종종 우는 체한다. 한편 아슈케나짐 어머니는 당신이 너무 말랐다고 여기지만 당신에게 아무 말 하지 않고 당신이 충분히 먹지 않아서 그런 것이라고 짐작하며 — 정작 본인은 잔가지보다 더 말랐으면서 — 할머니, 할아버지는 너 같은 팔자가 아니었다며 조부모를 들먹이면서 당신에게 죄의식을 느끼게 하고, 3분만 늦어도 최악의 상황을 상상하고 당신이 적어도 일주일에 한 번 전화를 걸지 않으면 자기 방 깊숙이에 땅굴을 파고 숨는다. 울 줄 모른다."(참조: https://url.kr/dsh83j)

어느 날 전화가 걸려왔다. 나는 혼자 카페에서 글을 쓰고 있었다. 전화상으로 아리안의 목소리가 아니라 아리안 남편의 목소리가 들렸다. 아리안이 의례적인 건강검진을 받다가 몸에서 '뭔가 작은 것'이 발견됐는데 확인이 필요할 것 같긴 하다고, 뇌 엠알아이상에 작은 얼룩이 관찰된 것인데 의사들도 감별하기 어려운 것이라고 그는 말했다. 나는 그가 최소화하는 말, 그러니까 걱정을 끼치지 않고 어떻게든 대화에 가벼움의 여지를 남길 수 있는 말을 고르는 게 느껴졌다.

하지만 정확히 바로 이 순간에, 그와 나는 삶이 완전히 바뀌었다는 것을 알았다.

그의 아내이자 나의 친구는 미동도 없이 자리를 옮겨, 우리 세계의 평행 세계에, 즉 환자라고 불리는 자들이 사는 세계에 막 자리 잡았다. 의학의 영역에서 이 세계는 당신을 대기실에 머물며 휴식을 취하게 한다. 우정의 영역에서 이 세계는 또 다른 영토의 문을 여는데, 사람들은 이제 당신에 대해 많은 말을 나누게 될 테지만, 정작 당신과 함께할 때는 말수가 줄어들 것이다.

병에 걸렸다거나 병에 걸렸을지도 모른다는 통보는 곧바로 이런 결과를 낳는다. 친지들은 물론 당신과 계속 말하지만, 대개는 당신이 부재하는 틈을 타서 당신 모르게 당신의 남편이나 아내, 당신과 가까운 사람들과 다른 대화를 시작한다. 그들은 당신의 건강을 화제 삼아 대화를 나누면서도 정작 당신을 대화에서 소외시킨다. 당신은 때때로 가까이 있을 때 그들이 목소리를 줄인다거나 당신이 방에 들어설 때 갑작스레 대화가 중단되는 것을 눈치챌 수 있다.

여기에 절대 악의가 있는 것은 아니다. 다만 사람들에게 가장 잘 퍼지는 인간 감정의 첫 번째 부작용인 두려움이 자리하는 것이다. 몇 달이 지나도 이 두려움은 도무지 우리를 떠나지 않았다. 시간이 흐르면서 효과 없는 치료법이 야기하는 공포, 불가능한 수술과 차도 없는 병세, 진행이 불가피한 줄 알면서 그것을 늦추려는 시도가 이어졌다.

말에 대한 두려움, 언어가 우리에게 강제로 들려주는 것에 대한 두려움, '뭔가-작은 것'을 '종양' 덩어리로 만드는 두려움이 있었다. 이 '뭔가-작은 것'이 우리에게 외치는 소리를 못 들은 체하면서, 어떻게 어느 순간 이 단어로 감히 고통을 말할 수 있단 말인가?

우리 모두가 아무리 죽을 것을 안다지만 언제, 어떻게 죽을지 모른다면 사정은 완전히 달라진다. 죽음이 도래하는 방식은 무한하고, 그로 인해 아직 죽음을 피할 수 있다고 믿기 때문이다. 하지만 돌연 종양이 제 숙주에게 말한다. 수수께끼가 풀렸고 비밀이 폭로되었다고. 그러면서 '클루'● 한 판이 끝날 때처럼 게임 참여자 한 사람이 범죄의 모든 세부 정황을 폭로하면서, 참여자들의 살인사건에 대한 추론을 중단시킨다. "그는 암이, 전이되어, 병실에서 사망했다."

게다가 우려와 수치심도 있다. 우리는 타인을 위하는 마음에서뿐 아니라 우리에게 같은 일이 벌어질 수도 있다는 우려에서도 두려움을 느낀다는 사실을 인정해야 한다. 질병은 저마다의 공포를 되살아나게 한다. 아리안의 병은 그녀의 뇌를 공격했기 때문에 아리안이 겪는 고통은 우리의 불안을 더욱더 무시무시하게 자극했다.

가족을 남기고 떠나는 두려움, 자식의 성장을 보지 못하는 두려움뿐 아니라 자신의 재능을 잃는 두려움, 망각의 두려움, 변화의 두려움, 자신이 더이상 예전과 같을 수 없을 거라는 두려움.

질병은 서서히 내 친구를 바꿔놓았다. 아니 더 정확하게 말하면 아리안을 그녀이자 다른 사람으로 만들었다. 번갈아 혹은 동시에.

서서히 아리안은 그녀의 친지들에게 같은 사람이면서 다른 사람이 되었다. 우리 중 어느 누구도 이 변화가 질병의 증후인

• 추리형 보드게임. 어느 대저택에서 일어난 살인사건의 용의자, 도구, 범행 장소를 추리하여 맞추는 게임이다. 영국에서 '클루도'라는 이름으로 처음 출시되었다.

지 아니면 거기에 저항하는 아리안의 시도 때문인지 말할 수 없었다. 낯선 억양이나 불안정한 기분, 거의 알아차릴 수 없는 이 '두려운 낯섦'. 처음에는 아무도 몰랐다. 이 미세한 동요가 이야기하는 것이 병의 승리인지 아니면 아리안이 병에 맞서 싸우는 전투인지.

이 대화를, 우리는 자주 나누곤 했다. 아리안은 때때로 자신이 둘로 나뉜 기분이 든다며 나에게 불안감을 털어놓았다. 질병은 아리안에게 쌍둥이적 존재라는 낯선 인식을 만들었다. 그녀는 자기 안에서 서로 티격태격하는 목소리들을 들었던 것이다. 한 목소리가 말했다. 난 예전과 다름없는 너야. 그러면 다른 목소리가 재깍 끼어들었다. 저 말을 믿어? 너인 척 속이려는 거야. 잰 그냥 네 안에서 떠드는 병이야, 병.

대립은 아리안의 두 부분이 옥신각신하는 것처럼 보였다. 마치 쌍둥이자매가 쉴 새 없이 대화하는 것처럼. 미 파 솔 라 미 레, 레 미 파 솔 솔 솔 레 도…….

이 찢어지는 마음의 고통을 표현하는 아리안의 말을 들으면 『성서』의 인물들 중 리브가라는 한 여인의 이야기가 종종 머릿속에 떠올랐다. 리브가는 어느 날 전혀 다른 상황에서 둘로 찢어지는 고통을 겪었다.

「창세기」에 따르면 리브가는 쌍둥이를 뱄는데, 뭔가 일이 잘

못되면서 그녀 안에 상반된 두 힘이 자랐다. "그녀의 두 아들이 그녀의 태 안에서 서로 싸웠다"라고 토라는 말한다. 리브가에게서 태어날 두 아들인 야곱과 에사오는 언젠가 모든 것이 대립되는 세상의 두 전망, 양립할 수 없는 두 세계를 나타낼 것이다. 자궁 안에서 그들의 싸움은 이미 시작되었다. 리브가는 자신의 내면 깊숙이에서 대립하는 이 상반된 두 힘에 의해 찢어지는 고통을 느꼈다.

리브가에게 생각이 떠오른 건 그 순간이었다. 그녀는 답을 구하기 위해서 처음으로 하느님을 찾아나선 사람이었다. 리브가 이전에는 어느 누구도 감히 이 길을 걸어서 하느님을 불러 그분에게 질문할 엄두를 내지 못했다. 하지만 리브가는 그리했고, 그렇게 토라에서 가장 강력한 실존적 질문을 던진다. *"라마 제 아노히Lama ze anokh'i"*(왜 나입니까?)•

대부분의 『성서』는 이 말을 마치 찢어진 자궁의 고통으로 괴로워하는 한 여인의 질문처럼 번역한다. '어찌 살겠는가?' 하지만 히브리어는 대개 그렇듯이, 언어의 의미를 고정시키는 번역보다 더 복잡미묘하다.

히브리어로 1인칭 단수는 두 가지 형태가 가능하다. '나'는 '아

• [원주] 「창세기」 25:22.

니ani'라는 가장 일반적인 형태로 쓸 수 있고 '*아노히anokh'i*'라는 비교적 드물지만 정교한 형태로도 쓸 수 있다. 이 두 표현의 차이는 히브리 문자의 단 한 글자에 기인한다. 단 하나의 자음으로 인해 '나'의 단순한 형태와 비교적 사용되지 않는 형태가 구분되는 것이다. 단 한 글자, '카프'(כ)가 낱말에 슬며시 들어와서 말소리를 은밀하게 교란한다. '아니'(אֲנִי)는 그 안에 교묘하게 끼어든 그 한 글자로 인해서 '아노히'(אָנֹכִי)가 된다.

이 추가된 히브리어 '카프'의 힘은 '카프'가 단지 글자만이 아니라 의미를 가진 표현이라는 데서 발휘된다. '카프'는 '거의'라는 뜻이 있고 그것을 낱말에 더하는 것만으로 그 낱말은 '완전하지 않은' 것으로 바뀐다. 달리 말하면 리브가가 *"라마 제 아노히"*라는 자신의 실존적 질문을 표현할 때, 그녀가 물은 것은 단지 "왜 나입니까"가 아니라 문자 그대로 "왜 나는 '거의 나'입니까?", 즉 "왜 질문하는 이 '나'는 완전하지 않은 나이고, 나이면서 동시에 나와 다른 사람입니까?"인 것이다.

『성서』에서 내적 분열에 시달리는, 쌍둥이를 밴 여족장•의 이 질문은 모든 실존적 분열의 전형典型이자, 언젠가 자기 내면에서

• 「창세기」에서 언급되는 네 명의 여족장은 족장들의 아내, 즉 아브라함의 아내 사라, 이사악의 아내 리브가, 야곱의 아내 라헬과 레아를 가리킨다.

상반된 목소리를 들은 사람이라면 누구나 반복할 수 있을 표명이다. 어째서 나라고 믿었던 자가 갑작스레 다른 목소리로 말하는 걸까? 나는 나를 대신해서 말하는 이 '완전하지 않은 나'이기도 한 걸까?

아리안의 입을 통해서 나는 종종 리브가의 질문을 듣는 것 같았다. 마치 리브가가 『성서』의 하느님을 찾은 것처럼, 아리안 역시 우리 모두를 고통스럽게 찾기 시작한 것처럼 보였고, 그래서 우리에게 이런 질문을 던지는 것 같았다. 내 안에 '거의 나'의 목소리가 종양처럼 커질 때, 왜 사는 것일까?

이 내적인 대화에서 아리안의 내면에 금이 간 것처럼, 아리안이 투병하는 동안 그녀의 곁을 지킨 모든 친지들의 내면에서도 무언가가 갈라졌다. 몇 주가 지났을 때에는 공정한 세상이니 행복한 결말이니 하는 환상 속에서 우리 자신이 하나로 통합되지 않으리라는 것을 알았고, 죽음이 우리의 친밀한 관계 안에 자리 잡기 전에 우리가 예전에 우리라고 믿었던 존재와 곧 결별하게 되리라는 것을 알았다.

나는 내 안에 금이 가는 이 소리를 아주 선명하게 들었다. 아리안의 제안과 그녀의 말이 가진 힘으로, 어느 날 그 일이 일어났다. 아리안과 함께 그녀의 아파트 발코니에서 보낸 늦여름의 오후가 떠오른다. 우리는 아리안이 발코니에 깔아둔 초록색 인조 잔디 매트 위에, 결코 죽지 않을 플라스틱 잔디 위에 맨발을 벗고 앉아 있었다.

아리안은 새삼 진지한 태도로 나에게 물었다. 자신을 위해서 내가 둘로 나뉠 수 있겠느냐고, 그래서 이 순간부터 더이상 단순히 자신의 친구만이 아니라 자신의 랍비 역시 되어주겠느냐고, 그러니까 우리 둘 모두 임박했음을 아는 이 순간에 자신의 곁에 있어주겠느냐고 말이다. 나는 그 순간에 그녀를 위해서 애써 둘 다가 되어보겠다고 약속했다.

여러 번 나는, 죽어가는 사람들과 그들의 가족과 함께 있었다. 여러 번 나는, 장례식에서 추도사를 낭독했고 슬픔에 잠긴 아들딸, 비탄에 빠진 부모, 망연자실한 배우자, 상심한 친구들의 헌사를 들었다. 그리고 번번이 그들의 말은 나를 뒤흔들어놓았다.

그들과 함께 울고, 그들 곁에 주저앉고, 그들의 방식대로 흐느껴 울고 싶었던 적이 셀 수 없이 많았다. 그렇지만 나는 언제나 그래서는 안 된다는 사실을 알았다.

나는 랍비라는 내 역할이 나를 약간은 보호하면서도 많은 것을 강제한다는 사실을 알았다. 그것을 몸에 두르면 감정의 파고로부터 멀리 거리를 둘 수 있었다. 그 파고는 지나가면서 모든 것을 휩쓸지만, 동반자의 역할을 수행하는 나에게, 가라앉지 않을 부표가 되어 매달려 부유할 수 있는 피난처라는 특권을 주었다.

게다가 나는 감정과 거리를 두어야만 한다고 생각했다. 내 감정이 애도자들에게 잠재적으로 파괴적인 영향을 미칠 수 있기 때문이다. 랍비 혹은 장례 집전자는 그가 돕는 사람들과 완벽한 공감 상태에 있을 수 없고, 있어서도 안 된다. 정확히 말해서, 그는 동반하는 사람들의 고통을 내면화하기보다 그들이 잃은 기둥이 되어야 한다.

랍비라는 존재는 무너진 세상의 혼돈 속에서 안정의 가능성을, 지속의 약속을 나타내야 한다. 장례 집전자는 애도자에게 미래에 대한 믿음을 가지라고 요구한다. 단지 랍비의 입을 통해서만이 아니라 그의 몸과 목소리, 그가 서 있는 방식, 그리고 그보다 앞서 존재했고, 그보다 오래 살아남을 조상의 전례문을 낭송하는 방식을 통해서 그렇게 한다. 랍비는 회복력을 상징하기 위해서 울지 않는 사람이 될 줄 알아야 하고, 주저앉은 사람들에게 다시 일어설 가능성을 믿을 수 있게끔 해야 한다.

그런데 어느 날, 아리안은 나에게 내가 절대 서 있을 수 없는 곳에 있어달라고 요구했다. 마땅히 거절해야 했다. 아리안을 사랑하는 마음에서. 하지만 그녀를 사랑하는 마음에서 나는 그곳에 있어주기로 했다. 그렇게 해서 나는 나이면서 더이상 나일 수 없는 '거의 나', 서 있으면서 주저앉아 있는 '거의 나'가 되었다. 나는 내 안에서 대립할 수밖에 없는 이 쌍둥이 자매가 자리를 차지하도록 내버려두었다. 한 사람은 셰르부르의 커다란 우산을 쥐고 폭풍우 속에 꼿꼿하게 서 있었다. 다른 한 사람은 폭풍우가 모든 것을 휩쓸어갈 것이고, 카트린 드뇌브의 목소리로 애달프게 울리라는 것을 알았다. "안 돼, 너 없이 절대 못 살아……."•

나는 결국 아리안을 만나러 갈 때마다 둘 다가 되어보려 노력했다. 번갈아 혹은 동시에. 그 때문에 때로는 대화가 아주 우스꽝스러워지기도 했다.

우리가 기도, 장례, 슬픔과 분노에 대해서 오랫동안 이야기를 나누다가 삼삼오오 모인 친구들과 즉흥적으로 여자들끼리 손톱 정리를 했던 날이 떠오른다. 모두가 함께 손톱 정리용 가위, 손톱 줄, 핸드크림을 이용해서 절망과 큐티클을 제거하고 아기자기한 색깔의 매니큐어를 바르고 나서 투명한 네일 에나멜을 마지막에 덧바르며, 이 모든 게 조금도 벗겨질 리 없다고 믿는 척했다.

아리안이 서서히 언어를 잃고, 더이상 말을 찾지 못하고, 내게 눈짓으로 묻고 말끝을 흐리던 걸 기억한다. 나는 잘하고 싶은

• 영화 〈셰르부르의 우산〉의 주제곡 "정비소 앞에서Devant Le Garage" 가사 중에서.

마음과 달리, 언어를 적시 적소에 사용하지 못해서 완전히 엉뚱한 말을 꺼내기 일쑤였다. 이런 적도 있다. 어느 날 아리안이 나에게 말했다.

"내가 원하는 건…… 내가 원하는 건……."

나는 아리안이 말을 끝내지 못할 것을 알고 말을 거들었다.

"네가 원하는 건…… 두려워하지 않는 거라고?"

"뭐래," 아리안이 말했다. "초밥 먹고 싶다고."

우리는 최고의 코미디에 맞먹는 이 대사에 푸하하 웃었다. 그것은 무슨 일이 있어도 살아남을, 심지어 그 대사를 한 배우들보다 더 오래 살아남을 명대사였다. 우리는 피상적인 이야기들과 거룩한 이야기들을 표현했다. 그것을 잘 곱씹어보면 가장 유치한 웃음조차 종교적인 순간들이었다. 말하자면 뮤지컬코미디 영화의 주제곡 후렴구처럼, 영원만을 말하는 강력한 전례문 안에서 연결되는 순간들이었던 것이다. 그리고 그때 세계가 우리에게 신호를 보내기 시작했다. 우리가 그 신호를 얼마큼 하나하나 허구로 만들어냈는지는 모르지만, 그게 뭐 대수인가? 허구로도, 우리가 이름을 전혀 언급할 필요가 없는 신과 우리 사이의 간격이 좁혀졌다. 기적을 보기로 선택하는 것만으로 충분했다.

어느 날 거의 마지막에 이르러, 우리 두 사람 모두 시간이 얼마 남지 않았다는 사실을 직감했을 때, 나는 아리안에게 우리 둘이 공식적으로 합의를 보자고 제안했다. 마치 아이들이 놀이터에서 놀이의 규칙을 정하거나 전쟁터의 군인들이 서로 협약을 맺는 것처럼.

나는 아리안에게 말했다.

"지금부터 시간은 더이상 중요하지 않은 거야. 시간은 더이상 헤아려지지 않아, 다른 것들처럼. 매시간이 천 년이고 새로운 한 주가 백만 년 지속될 수 있다고 함께 결정하자."

이 순간에 우리 두 사람은 최종 시한을 거부하고, 다른 사람들이 우리에게 억지로 시키려 하는 카운트다운에서 벗어나서 아주 짧은 시간 동안이라도 자유를 지키기로, 유한성을 영원성으로 바꾸기로 결정했다.

그날 우리는 기적적으로 시공간을 변화시키고 아인슈타인에게 혀를 날름 내밀며, 상대성이론을 통째로 재창조했다. 시간이 흐른다고 믿는 사람들에게 저녁은 확실히 왔겠지만, 우리에게는 아니었다. 헤어지기 직전에 아리안은 나에게 손짓하며 자신의 손목을 보였다. 우리 중 어느 누구도 그녀의 시계가 그날 불가사의하게 멈춘 이유를 설명할 수 없었다.

그로부터 일주일 후에, 그러니까 몇백만 년 후에 내 친구의 생애 마지막 날이 왔다.

한 호스피스 센터의 병실에 아리안의 주위로 그녀의 남편, 부모님, 가까운 친구들 몇 명이 자리했고, 우리는 마지막으로 아리안의 손을 잡고 옅게 화장을 한 그녀의 얼굴을 어루만졌다. 아리안은 더이상 의식이 없었지만 우리는 그녀에게 말했다. 수많은 전승에 의하면 세상들 사이에 문이 열리는 시간에, 그녀와 동반하기 위해서 우리가 여기에 있다고. 그러자 정말로 수천 명의 사람들이 우리 주위로 소집된 것 같았다. 조상들, 지도자들, 성구聖句들, 심지어 우리가 즐겨 흥얼거리던 실없는 후렴들, 영화 〈당나귀 가죽Peau d'Anne〉(1970)•의 화려한 드레스들, "내 마음의 풍차Les Moulins de mon coeur"••, 우는 유대인 어머니들과 언젠가 이 순간을 이야기할 아이들이 모두 불려온 것 같았다. 침묵과 이야기로 가득 찬 이 병실에서 우리는 몇 시간을, 그러니까 몇천 년을 머물렀다. 가장 불가사의한 통과 장소였다. 살아 있는 자들과 죽은 자들, 존재했던 자들과 계속 존재하는 자들이 우리 곁에 있었다. 거기서 랍비의 목소리가, 다시 말해서 '거의 나'의 목소리가 그녀의 친구에게 이야기를 들려주었다.

• 자크 드미 감독이 샤를 페로의 동화를 각색한 환상적인 뮤지컬 영화. 공주 역을 맡은 카트린 드뇌브의 화려한 의상들이 특히 눈길을 잡아끈다.

•• 미셸 르그랑이 작사·작곡한 영화 〈토마스 크라운 어페어The Thomas Crown Affair〉(1968)의 주제곡.

그것은 한 여자의 이야기이자 그 여자가 낳은 자의 이야기다.

리브가의 "두 아들이 그녀의 태 안에서 서로 싸웠"지만 그녀는 결국 출산해서 두 아들의 어머니가 되었다. 그중 한 아이의 이름이 야곱이다. 야곱은 그의 쌍둥이 형보다 연약했다. 그래서 리브가는 그에게 아주 특별한 축복을 주기로 결심했다. 리브가처럼, 자기 안의 균열에 대한 의식, 내적 투쟁의 목소리를 들을 수 있는 능력이었다.

야곱은 미래의 이름을, 히브리어로 미래형 동사를 지녔다. '야곱Jacob', 즉 '*야아코브Yaakov*'는 '그가 뒤를 이을 것이다'라는 의미이다. 말하자면 리브가의 아이 이름은 '계승할 자'인 것이다. 그의 이름은 역사가 거기에서 멈추지 않는다는 뜻이었다. 야곱은 아버지로부터 받은 자신의 이름처럼 되기 위하여, 자신이 (여전히) 무언가가 될 수 있다고 말하며 아직 끝나지 않았다는 사실을 증명하기 위하여, 그렇게 어머니의 꿈을 추구하기 위하여 삶의 대부분을 보냈다.

성인이 된 리브가의 아들 야곱은 어느 날 밤에 천사, 혹은 그 자신과 씨름을 했다. 그것에 대해서는 아무도 모른다. 그는 이 대결로 엉덩이뼈가 어긋나면서 더이상 똑바로 서 있을 수 없게 된다. 하지만 천사는 그에게 선물도 선사한다. 그것은 그의 이름과 다른 이름, 그의 후손들이 오늘날까지 계승하는 정체성인 이스라엘•이다. 야곱의 다른 이름, 그의 내적 투쟁이 부여한 이름은 그에게, 그리고 우리에게 '절뚝이다'가 의미하는 바를 영원히 상기시킨다. 그것은 곧 두 길, 두 이름, 두 상태 사이에서 다리를 저는 것이고 절름발이를, 즉 '거의 나'를 허용하는 것이다.

야곱 역시 자식들을 낳는다. 야곱이 사망할 때 그의 모든 혈육들이 그의 침상 주위에서 임종을 지켰다고 토라는 이야기한다.

전승에 따르면 야곱을 둘러싼 자들은 떠날 준비를 하는 자의 두려움을, 그의 세상이 그와 함께 사라지지나 않을까 노심초사하는 죽어가는 자의 불안을 느꼈다. 그가 떠난 뒤에도 살아남은 자들이 리브가의 축복을 지니고 영원히 '계승될' 역사를 보호할 수 있을까?

그렇게 해서 유대인들이 전 세대에 걸쳐 죽음의 순간마다 지금까지도 속삭이는 말을 하게 된 것이다. 우리는 사랑하는 사람이 죽어갈 때 그의 침대 주위에 모여 이렇게 말한다.

• 이스라엘은 하느님이 이사악의 아들이며 아브라함의 손자인 야곱에게 주신 이름이다. 이 때문에 '이스라엘인'이라는 정체성에는 선민사상이 깃들어 있다. 또한 '이스라엘인'은 관용적으로 '히브리인'이라고도 표현된다. 히브리인은 '건너가다' '가로지르다'라는 뜻에서 유래한 말로, 이스라엘의 조상 아브라함이 하느님의 명으로 고향 우르에서 가나안 땅으로 가는 과정에 유브라데 강을 건너 이주했음을 나타낸다.

"셰마 이스라엘, 아도나이• 엘로헤이누 아도나이 에하드."

(이스라엘아 들어라, 주님은 우리의 하느님이시오, 주님은 한 분이시다.)

"셰마 이스라엘Shema Israël"―들어라, 이스라엘이라고도 불리는 너 야곱이여. 네가 하느님이라고 명명하는, *"아도나이Adonaï"*―너의 걸음과 너의 조상들의 걸음을 이끌었던, *"엘로헤이누Elohenou"*―이 하느님은 우리의 하느님이기도 하시며, *"아도나이 에하드Adonaï Eh'ad"*―너의 하느님과 우리 하느님은 하나뿐이라는 사실을 명심해라.

모든 세대가 떠날 때마다 울리는 이 말은 우리가 치러야 했던 모든 투쟁과 '우리 안에서 싸우는 쌍둥이적 기질'과 우리가 서로를, 혹은 우리 자신을 비껴가는 모든 것에도 불구하고 하나될 가능성이 존재한다고 이야기한다.

이것이 유대인들이 삶에서 죽음으로 통과하는 시간에 하는 공식적인 약속이다. 그것은 떠나는 자의 무언가가 살아남은 자들의 생을 구성하여 앞으로 그들이 될 자와 결합하는 것을 의미

• 유대인들은 하느님의 이름을 발음하는 것을 불경하게 여겨 『성서』에 기록된 신의 이름 'YHWH'(야훼 혹은 여호와, 엘로힘)을 '아도나이'(나의 주님)로 바꿔 읽는다.

한다.

그들은 죽은 자에게 말한다. 이스라엘의 아들딸아, 너에게서 비롯되고 영원히 우리와 하나되어 우리 안에서 계속 살아갈 것의 목소리를 들어라.

통과의 시간에, 우리 모두 흐느껴 울면서, 우리 곁을 떠나는 사랑했던 여인에게 "*셰마 이스라엘*"의 이 말들을 들려주었다. 그리고 그 순간에, 우리 모두가 커다란 돌계단 아래에 서 있는 것 같았다. 한 걸음 한 걸음, 계단을 밟고 올라서는 그녀의 모습을 다 같이 지켜보았다.

미리암

다가올 세상

뉴욕에서 공부할 때, 랍비 교육생 자격으로 맨해튼의 한 시너고그에서 히브리어 수업을 하곤 했다. 내 학생들은 대개 여자들이었고 대부분이 부촌인 '어퍼 이스트 사이드'에 사는 나이 지긋한 할머니들이었다. 그녀들의 스타일은 매번 완벽했고 드라이한 머리는 흠잡을 데 없었다.

그녀들은 목요일 아침마다 렉싱턴가의 이 유대교 회당에서 책상에 둘러앉아 내 수업을 들었다. 나는 그녀들이 다른 평일날 아침에, 브리지 게임 수업이나 그 근방의 메트로폴리탄 미술관에서 열리는 강연을 함께 듣는 모습을 어렵지 않게 상상했다.

그녀들은 몇 년째 함께 공부하고 있었다. 나는 그녀들이 언제 만났고, 나 이전에 얼마나 많은 선생들이 그녀들을 지도했는지 모른다.

그녀들의 히브리어는 걸음마 수준이었고 우리의 진도는 빨리 나아가지 못했다. 이 불모지에서 '약속의 땅'은 까마득해 보였지만, 우리는 서둘러 그곳에 들어가려 하지 않았다. 매주 진행되는 이 수업에는 운명적인 만남이 있었고, 오래 지속시켜야 할 즐거움이 있었으니까.

나는 그녀들로부터 갑작스레 기사 작위를 받은 기분이었고, 그녀들의 애정 공세가 약간 부담스럽기까지 했다. 그녀들은 내게 선물과 관심을 듬뿍 줬는데, 내게 보인 그 다정함이 나의 프랑스어 악센트와 무관하지 않다는 사실을 알았다. 나는 그녀들의 "프렌치 래바이"(프랑스인 랍비)였고, 내가 미혼이었다면 그녀들 모두 '샤바트'• 저녁에 최근 이혼한 아들 집으로 나를 진작 초대했거나, 싱글인 조카와 나의 다음 '데이트'를 틀림없이 주선했을 것이다.

미국에서 '데이트'는 프랑스어로 번역되기 힘든 개념이다. 그 방식을 설명하는 것도 어렵다. 타인과의 만남을 코드화하는 엄격한 규칙들이 있는데, 이를테면 데이트에서 사람들이 하는 것과 결코 해서는 안 되는 것이 엄연히 존재하고, 첫 번째 데이트

• Shabbat. 안식일, 유대교에서 일주일의 제7일인 축일을 가리킨다. 「창세기」에서 하느님이 엿새간 천지를 창조하고 일곱째 날에 휴식한 데에서 유래한다. 유대인들이 금요일 일몰부터 토요일 일몰까지 휴식하며 거룩하게 지키는 날이다.

를 수락하는 것이 의미하는 바와 두 번째 데이트에 동의하는 것이 전제하는 바가 따로 있다.

만남이 데이트로 규정되는 순간부터 당사자들은 상황이 로맨틱한 방향으로 진전될 수 있다는 것을 받아들인다. 그러면 마치 '썸'과 '그 이상의 관계로의 발전'이라는 계약 사항이 담긴 서류 하단에 "읽고 동의함"이라고 서명하도록 권유받은 사람들처럼 일이 척척 진행된다. 미국 사회에서는 연인 관계의 기원에서부터 계약 문화가 존재하며, 그로 인해 즉흥적인 만남의 가능성이 거의 전무하다.

시너고그에서 7학년 학생들과 매주 만나는 데이트는 충분히 만족스러웠고, 그 만남에서 얻는 즐거움만으로도 계약은 암묵적으로 연장될 가치가 있었다.

나는 '어퍼 이스트 사이드'의 내 보호자들과의 이 만남을 손꼽아 기다리게 되었다. 비록 그녀들의 삶을 약간 과장되게, 거의 자크 브렐Jacques Brel의 샹송 "플랑드르 여자들Les flamandes"의 미국 유대인 버전처럼 묘사하긴 했지만.

"그녀들이 춤을 추는 건 백 살이니까, 백 살엔 보여주기 좋으니까, 모든 게 괜찮다는 걸, 다리는 여전히 튼튼하고, 좋은 홉, 좋은 밀이 들판에 있다는 걸."

그녀들은 나에게 순탄한 앞날이 보증된 삶과 표준 계약, 놀라움과 반항이 끼어들 틈 없는 코드화된 생애를 보여주는 것 같았다.

그녀들 중에 여느 사람들보다 연배가 많아 보이는 여자가 있었다. 미리암은 매번 수업이 시작되려 할 때마다 가방을 열어 그 속에서 우리 모두를 위한 먹거리와 음료를 산더미같이 꺼냈다. 책상 위에 가향차가 담긴 써모스 텀블러들을 올려놓고, 우리에게 각 차를 우려냈을 때 어떤 풍미가 있고 어떤 특성이 있는지 장황하게 설명하며 시간을 잡아먹는 일이 다반사였다.

우리 현자들은 『성서』의 미리암•이 정확히 이 역할을 수행한다고 이야기한다. 그녀는 굶주리고 목마른 온 민족과 함께 광야를 가로질렀고, 기적적으로 그들의 목숨을 살릴 수 있었다. 『성서』의 미리암에게는 이동하는 우물을 이끌고 다니는 능력이 있었는데, 그 우물 덕분에 그녀의 민족이 갈증으로 죽지 않았다고 전해진다.

미국에 사는 나의 미리암은 바닥이 보이지 않을 만큼 깊은 손가방에 『성서』의 만나••와 거의 비슷한 양식을 들고 다녔다. 미

• 모세가 이집트에서 가나안 땅으로 이스라엘 민족을 인도하는 여정에 기여한 선지자. 모세와 아론의 누이.

•• '만나'는 이스라엘 민족이 이집트를 탈출하고 사십 년간 광야에서 생활할 때 하느님이 베푼 음식이라고 전해진다. 그들은 이슬과 함께 내렸다는 가는 싸라기 같은 이 하얀 '만나'를 긁어모아 양식으로 삼았다. 「출애굽기」 16장 참조.

리암과 함께라면 우리는 수십 년을 여행해도 끄떡없을 것 같았다. 어느 날에는 내가 들었던 이야기들 중에 가장 놀라운 이야기까지 거침없이 쏟아냈다.

나는 미리암이 언제나 지금 우리를 대하듯 다른 사람들을 챙기며 살았을 거라 생각했다. 하지만 미리암은 자신이 최근에야 그런 사람이 되었다고 말했다. 무언가가 그녀의 삶을 급격하게 바꾸어놓은 뒤부터였다.

"몇 년을 지독한 우울증에 시달렸는지 몰라. 의욕도 욕망도 남아 있지 않았지. 기력이 없어서 집 밖을 나가려 하지도 않고 아무도 만나려 하지 않았다니까. 히브리어 수업 같은 데 등록하는 건 어림도 없는 일이었어. 그런 식으로 무언가에 참여하는 건 곧 죽어도 못하겠더라고. 자기 밥 하나 못 챙겨먹는 사람이 남의 밥은 챙겨줄 수 있었겠어? 자식들만 애끓었지. 다시 입맛을 당기게 해주려고 무진 애를 썼어. 그런 말을 하더라고, 왜 저러나 싶은 우울증 환자들한테 꼭 하는 말 있잖아. '몸 건강하죠, 자식들 걱정 없죠, 어머니를 아끼는 손주들도 있는데 이런 식으로 자포자기하시면 안 돼요……' 건강한 사람들이 하는 그런 말은 순 엉터리야, 완전히 헛다리 짚었다 이 말이야. 우울증은 자기 삶에서 만족스럽다 싶은 부분을 외면하는 것도 아니고, 자기 존재의 좋은 면들을 인정하지 못해서 그런 것도 아니라고. 자기가 가진 행운이나 특권을 의식한다고 해서 우울증에서 벗어나는 것도 아니고, 가볍게 앓다 마는 것도 절대 아니란 말이지. 욕망이 죽는다는 게 뭔지 죽어도 모를 사람들이 거기에서 벗어나라고 성화인 거야. 그런 사람이 누구를 살릴 수 있겠어? 그러니까 어떤 사람이 자기는 한 번도 없어본 적 없는 제품을 팔려고 한다고 해봐. 물론 그 제품이 가진 가치를 부정하는 건 아니지만, 그 사람한테선 어떤 믿을 만한 셀링포인트도 못 찾는다 이거야."

미리암은 넉살 좋고 경쾌했다. 나는 그녀의 위트가 집안 내력인 줄로만 알았다. 이러한 으뜸패를 쥔 미리암이 오랜 세월 동안 이토록 무거운 짐을 지고 있었다니 도저히 믿기 어려웠다.

순간, 미리암의 표정이 싹 달라지면서 약간 천진한 미소를 머금고 소리를 죽여 비밀을 털어놓듯 내 귀에 속닥였다.

"그 시절에는 그것밖에 눈에 안 들어오더라고. 거기에 조금씩 몰두하다 보니까 어느새 내 유일한 관심사가 되어버린 게지. 온통 그 생각뿐이었고 온 정신이 거기에 쏠려 있었어."

미리암이 몰두했던 게 뭐였을까? 나는 미리암이 우울의 구렁에서 심취할 수 있었던 취미가 뭐였을지 궁금했다. 곧이어 미리암은 마치 그 효과까지 염두에 두는 듯, 이 말을 천천히 또박또박 내뱉었다.

"내가 몰두했던 건, 내 장례식이었어."

미리암은 여러 해에 걸쳐 자신의 장례식을 계획했다. 많은 사람들처럼 미리암도 우선 장례식장과 협의하여 계획을 짜고, 계약을 맺고, 계약서에 사인하고, 확실히 하기 위해 문서에 이니셜까지 적어넣었다. 하지만 이 계약상의 내용들이 그다지 세밀하지 않은 것이 미리암은 마뜩잖았다. 통상 계약서에는 고인의 의사, 종교 예식 희망 여부, 꽃장식 색깔, 고급 음향 설비가 명시되어 있었지만 미리암에게는 그것만으론 부족했다. 그래서 자신의 장례식에 필요하다고 생각되는 그 밖의 모든 요구 사항을 작성하기 시작했다. 뉴욕에서는 묘지가 흔히 도시 외곽에서도 한참 떨어진 곳에 있다 보니 장례식을 대부분 묘지에서 치르지 않고 맨해튼 한가운데에 있는 장례식장으로 친지들과 지인들이 모인다.

미리암은 어디에 도움을 청하고 누구에게 문의를 해야 하는지, 어떻게 식장을 꾸미고 의자를 배치해야 하는지 정확히 알고 있었다. 자신이 누워야 하는 관과 입관할 때 흐를 음악에 대해서도 물론 다 생각이 있었다. 미리암은 조문객들과 그들이 저마다 앉을 자리까지 염두에 두었다. 나중에는 다양한 음악의 순서를 섬세하게 배치하기까지 했는데, 예컨대 바버라 헨드릭스가 노래한 거슈윈의 음악이나 오스카 피터슨 트리오가 재즈 버전으로 연주한 시나트라의 "러닝 더 블루스Learning the Blues"처럼 각각의 연주곡을 어떤 버전으로 편성해야 할지 머리를 싸매고 선곡할 정도였다.

미리암은 어떤 꽃들로 꽃다발을 만들지, 크기는 어느 정도가 적당할지 알았고, 당신 사진으로는 무엇을 쓰고, 사진을 어디에 어떻게 눈에 띄게 배치할지 선택했다. 무엇보다 추도 발언을 해야 하는 사람과 발언 시간을 꼼꼼하게 결정했다. 헌사 순서와 그 헌사를 어떻게 중간중간 배치할지까지. 애석하게도 추도사 내용까지 강요할 수는 없었다. 하지만 할 수만 있었다면 그렇게 했을 거다. 사람들이 할 말을 모두 정해놓거나 심지어 스스로 사망 기사를 작성했을지 모른다. 신문에 실을 부고를 써두고 연락할 전화번호 목록을 준비해놓은 것은 말할 것도 없었다.

이러한 강박 탓에 가족끼리 심심찮게 격렬한 언쟁이 벌어지기도 했다. 미리암의 자식과 손주 들은 장례식 계획 따윈 그만 세우라고, 장례식에 대해서도 시시콜콜 그만 말하라고 그녀를 말렸다. 자식과 손주 들이 죽음에 집착하는 미리암에게 잔소리를 할 때마다 미리암은 이 모든 게 그들을 위한 거라고, 그저 그들이 걷잡을 수 없는 감정에 빠져 있을 때 어려운 결정을 내려야 하거나 아주 약간이라도 딜레마에 빠지는 상황을 피하게 해주기 위한 거라고 못을 박았다. 이 모든 게 어머니의 헌신, 사전 부검●의 이타심일 따름이었다.

미리암은 자신의 강박을 균형 있게 바라보려 애썼지만 사실

잘 알았다. 참석할 수도 없을 자신의 장례식을 이토록 세세하게 계획하는 진짜 이유는 따로 있다는 것을 말이다. 미리암은 자신의 죽음을 준비할 때에만 무기력과 의지 부족, 살고자 하는 욕망의 결핍에서 오롯이 벗어날 수 있다는 사실을 인정해야만 했다. 오로지 자신의 장례식을 준비할 때만 살맛이, 삶의 욕구가 생겼던 것이다.

욕구를 뜻하는 영어 단어 'envy'에는 프랑스어에서 들리는 메시지가 담겨 있지 않다. 두 단어를 완전히 붙임으로써 죽음에 어떤 자리도 내주지 않기 때문이다.** 미리암은 우울증에 시달린 세월 동안 가장 열성적인 장례식 기획자, 가장 재능 있는 '엔딩 플래너'가 되었을 뿐이었다. 그녀는 이 중요한 행사에서 아직 예정되지 않은 유일한 항목만을, 그러니까 죽을 일만을 남겨두고 있었다. 삶이 미리암의 모든 계획을 바꾸기 전까지는…….

나는 이토록 극단적이지는 않지만 미리암과 똑같은 열정을 지닌 사람들을 많이 만났다. 죽음이 임박했다거나 기력이 떨어졌다고 느끼는 사람들이 있는가 하면 건강은 오히려 좋은 편이

• '사전 부검pre-mortem'은 사람이 죽은 뒤에 하는 사후 부검에서 고안된 전략적 사고법으로 죽음에 앞서 시체를 부검하듯, 프로젝트의 리스크 요인이나 실패 원인을 사전에 상상해보며 분석하는 방법이다.

•• 프랑스어 'en vie'는 '살아 있는'이라는 뜻이다.

지만, 죽음으로 인해 여지없이 빼앗기게 될 것을 본인의 통제 아래 두고 싶어 하는 사람들도 있었다. 모두가 자신들의 죽음을 논의하기 위해서 나와 만나기로 마음먹은 사람들이었다.

내가 일하는 사무실로 와서 자신들이 '보고' 싶은 장례식을 말하는 사람들이 종종 있다. 나는 늘 대화의 어느 시점에 그들에게 되새겨줘야 했다. 그들은 절대 장례식을 '보기' 위해 그 자리에 있지 않을 거라고.

장례식이 이러이러했으면 좋겠다 하고 세세하게 계획하는 것은 그야말로 이 예식의 핵심에 자리한 문제를 인정하지 않으려는, 즉 우리 삶을 더이상 통제할 수 없다는 것을 인정하지 않으려는 본심을 드러낸다. 죽음을 준비한다는 것은 근본적으로 죽음을 수용하지 않는다는 뜻이다.

나를 만나러 온 내담자에게 그것을 설명하기란 여전히 쉽지 않은 일이다. 그럴 때면 나는 유대교의 전통의례를 말해준다. 유대 전통에서는 원칙상 이 모든 장례 '준비'라는 것을 찾아보기 어렵다. 관은 장식도, 장식품도 없이 가급적 가장 단순해야 하고, 죽음 앞에 모든 사람이 평등하고 우리가 우리의 기원인 먼지로 필히 돌아간다는 겸허함을 드러내야 한다. 이스라엘 같은 몇몇 나라에서는 심지어 관도 없이 시신을 수의에 감싸서 땅에 묻고, 사망 선고 직후 장례식을 치르기도 한다. 그래서 때때로 친구의 죽음을 뒤늦게 전해듣고 그가 이미 땅에 묻혔다는 사실을 확인하기도 한다. 장례식은 계획의 대상이 아니다. 그저 신속하고 소박하게 진행되어야 할 일이다.

이 겸허함을 위해서 유대인의 장례식에서는 일반적으로 조화弔花나 근조 화환을 두지 않는다. 죽음은 어떤 방식으로든 이상화되어서도 안 되고 미화되어서도 안 되며, 현자들이 우리에게 경고한 매혹의 대상이나 흥밋거리가 되어서는 더더욱 안 된다.

전통적으로는 추도 발언 역시 매우 정형화되어 있다. 랍비 혹은 장례 집전자는 추도사를 대부분 전례문에서 가져오고 시너고그에서 그 주에 읽은 토라 구절이나 현자의 말씀을 빌려 고인을 회상한다. 추도사는 대단한 문학적 창의성을 발휘하는 장소가 아니라 원칙적으로는 더없이 소박하고 최소한의 의례를 따르는 것이다.

오늘날 유대인의 장례식은 대부분 이 규범을 엄격히 준수하지 않는다. 이제는 고인의 소망이나 좀 더 친밀한 요소들, 사진과 음악까지 곁들여 고인의 세상을 이야기하는 식으로, 개성적인 장례식을 여는 것이 보통이다.

사무실을 방문한 내담자와 장례식에 관한 대화를 나누다가 아주 단호한 의지에 부딪히거나 특정한 '장면 연출'을 요청받는 경우가 있다. 그럴 때 떠남을 준비하는 사람에게 유대 의례가 드러내고자 하는 단순한 진실, 처음 듣기엔 진부할지 모르지만 본질적인 의미가 담긴 진실을 상기시키는 것이 나의 의무다. 그 진실이란 우리 죽음이 전적으로 우리의 소관이 아니며, 죽고 나서 우리의 육체 역시 마찬가지라는 점이다. 이는 늘 불시에 발생하는 죽음의 타이밍과 그 조건만을 가리키는 것이 아니다. 고인의 의사를 존중하는 것이 가장 우선시되는 현대 사회에서, 보다 근본적이면서 받아들이기 힘든 소신 또한 감안해서 말하는 것이다.

전통 문화와 현대 문화 간에 이 긴장을 예시하는 것이 바로 시신을 화장火葬하고 고인이 선택한 장소에 유해를 뿌리는 산골散骨의 문제다. 현대 사회에서 화장은 점차 확산되고 있지만, 유대 문화에서는 여전히 극도로 터부시되며 보수파 유대교에선 엄격히 금기시한다.

화장을 거부하는 것은 본질적으로 주검을 예우하는 원칙 때문이다. 육체는 반드시 흙으로 돌아가야 하고, 육체가 부패하기까지 필요한 시간을 보장하는 것은 영혼이 지상에 머무는 동안 영혼을 감싸준 육체를 존중하는 뜻이 담겨 있다. 화장은 고인에게 가하는 극도의 폭력으로 간주되며 산골은 유가족에게, 유대교가 필요하다고 여기는 묵념의 장소를 제공할 가능성을 박탈한다.

정통파 성향의 랍비는 이 선택을 한 고인의 장례식 집전을 어떤 경우든 일언지하에 거절한다. 개혁파 성향의 랍비는 특별한 경우에 한해선 가족의 요구를 수용할 수 있다.

나는 개인적으로 가족끼리 논의한 경우에 한해서 화장을 허용한다. 그것은 고인이 유대 전통에서 지극히 규범적이지 않은 결단을 내린 계기가 무엇인지 이해하려는 시도이면서, 그의 혈육들이 그 선택을 어떻게 받아들이는지 알려는 시도이기도 하다. 왜 그런 마음을 먹었을까? 이 개인의 선택이 그의 가족들의 성향과 얼마만큼 부딪칠까? 그들은 얼마만큼 뜻이 맞았을까?

물론 예로부터 전해져 내려오는 불변의 규범을 들며 거절할 수도 있을 것이다. 그러나 바로 그 규범으로 인해 나는 특정한 원칙에 따라 애도자들의 고통을 듣고 그들의 곁에 있는 것 같다. 그 원칙을 정의하자면, 애도 의식은 고인과 함께하기 위해서 존재하는 것이기도 하지만 남겨진 사람들과 함께하기 위해서 더더욱 존재한다는 것이다. 의례는 애도자들이 살아남음의 시련을 헤쳐나갈 수 있게 도와줘야 한다. 그 시련은 정의상, 당연히 죽은 자가 통제하지 못한다.

말하자면 나는 고인의 의사보다, 고인을 애도하는 사람들과 함께하는 의무에 더 큰 가치를 둔다는 뜻이다. 그리고 이것이 내가 생각하는 죽은 자에 대한 가장 큰 예우이면서, 그의 의사는 물론이고 더 나아가 그를 사랑한 사람들이 그가 떠난 뒤에도 살아남아 그를 추념할 수 있는 가능성을 열어두는 배려이다.

다른 요구들도 마찬가지다. 어떤 사람들은 추도 발언을 해야 할 사람, 그 발언을 해서는 안 되는 사람을 미리 결정한다. 또 어떤 사람들은 본인의 장례식에서 추도사며 헌사며 단 한마디도 원하지 않는다고 딱 잘라 말한다. 나는 때때로 그들의 말을 이런 농담 아닌 농담으로 받아친다. "무슨 상관이세요? 어째서 그걸 당신이 결정하려고 하나요?"

이것은 랍비의 직권 남용도 아니고, 임박한 죽음을 느끼는 사람의 염원을 짓밟으려는 의도도 아니다. 그의 친족들이 그 순간에 다른 것을 필요로 할 수 있다는 점, 그리고 우리가 그들에게 가져다줘야만 하는 위안이 고인의 의사와 어느 정도 상반될 수 있다는 점을 그에게 인식시키려는 것뿐이다. 만일 애도자들에게 필요한 것이 말인데, 그게 '고인의 의사'와 반대된다고 해서 그들의 말을 박탈할 권한이 고인에게 있는 걸까?

이는 사실상 '더이상 살아 있지 않음'이라는 죽음의 특성, 그 가공할 심원한 진실의 명명백백함을 수용하는 것이다.

자신의 죽음과 장례를 계획대로 밀어붙이려는 것은 대체로 그럴 마음의 준비가 전혀 되어 있지 않은 것이다. 우리의 사라짐이 의미하는 바를 받아들이지 않는 것, 즉 우리에게 일어나는 일을 통제하려는 의지를 포기하지 않고, 삶이 살아 있는 자들에게 귀속된 것임을 수용하지 않는 것이다.

고인의 염원을 존중하는 것은 우리의 소관이지만, 고인의 요구에는 한계가 있음을 알고, 생명을 선택할 가능성을 인정하는 것 역시 우리의 소관이다.

미리암은 사신이 그것을 경험할 거라 예상하지 못했다. 모든 것을 계획한 줄 알았는데. 유명한 이디시 속담에도 있지 않은가. “인간은 계획을 세우고 신은 비웃는다”라고. 더욱이 신은 더러 자신과 웃음을 공유할 공모자들을 물색한다.

그리고 그것이 바로 미리암의 장례식 날, 미리암을 위해서 그 분이 벌이신 일이다.

뉴욕의 무더운 여름날 오후에 미리암은 간단하게 쇼핑을 하러 가기 위해 딸 루스를 기다렸다. 내키지 않았지만, 며칠 전부터 루스가 함께 공원을 가로질러 ‘콜럼버스 광장’의 에어컨 바람이 시원한 쇼핑센터에 가자고 조른 터라 어쩔 수 없었다. 미리암은 외출하고 싶은 마음이 추호도 없었다. 집을 떠나서 세상과 맞서야 한다는 생각만으로 괴로웠고, 몸져누울 것만 같았다. 하지만 미리암의 딸은 그녀에게 죽고 싶은 욕망을 한층 불어넣는 일정과 목적을 가지고 하루하루를 살아가도록 다그쳤다. 미리암은 평소보다 조금 더 힘을 끌어모아 옷을 입고, 화장을 했다. 마치 핑크빛 뺨을 뽐내며 자신이 가는 곳이 어디인지 알고, 그곳을 향해 거침없이 걸음을 내딛는 사람처럼 꾸몄다.

아파트 입구에서 택시의 경적 소리가 들렸다. 미리암은 딸이 택시에서 자신을 부르는 거라 생각하고 딸을 만나러 내려갔다. 택시는 확실히 출입문 앞에 세워져 있었지만, 그 안에 루스는 없었다.

"부인이 가야 할 목적지로 데려다드릴게요." 택시 운전사가 미리암에게 설명해주었다.

약간 성질이 났지만 미리암은 노란 택시에 올라탔다. 혹시나 이 더위에 쓰러지는 건 아닐까 하는 생각이 스쳤고, 햇볕이 쨍쨍 내리쬐는 날에 죽게 되면 어떻게 될지 잠시 자문해보았다. 한여름이라고 장례식에 사람들이 덜 오면 어쩌지?

택시는 72번가에서 공원을 가로질렀지만 쇼핑센터 방향인 남쪽으로 내려가지 않았다. 하지만 미리암은 아무 말 하지 않았다. 루스는 자기 집 근처인 96번가에서 그녀를 기다릴 것이 분명했다. 차량은 실제로 북쪽을 향해 계속 내달리다가 76번가에서 우뚝 멈춰 섰다. 커다란 유리 건물로 된 유대인 커뮤니티센터 바로 앞이었다. 그곳에서 손주들이 미술 수업과 수영 강습을 자주 받곤 했고, 그래서 미리암은 건물 입구의 문화센터 카페테리아에서 딸과 함께 손주들을 기다리곤 했다. 실내도 시원하고 에어컨도 쌩쌩 틀어놓는 곳이었다. 미리암은 쇼핑센터의 군중 속에 휩쓸리지 않고 그곳에서 딸을 만난다는 게 기뻤다. 택시값을 지불하고 유리 건물 쪽으로 걸어갈 때였다. 택시 운전사가 유리창을 내리더니 미리암을 불러 세웠다.

"아니에요 부인, 거기 말고, 길 건너 맞은편이에요."

운전사가 5층짜리 붉은 벽돌 건물을 가리켰다. 미리암이 절대 모를 리 없는 76번가 남동쪽 모퉁이 건물을. 거기에는 미리암이 누누이 말하고 심지어 여러 권의 작은 수첩에 적어둔 이름이 적혀 있었다. '리버사이드 기념 예배당.'

택시는 떠났고 미리암은 자신의 얼굴을 스치는 뜨거운 바람을 느꼈다. 딸이 왜 이곳을 만남의 장소로 정했는지 의아해하며 미리암은 장례용 예배당으로 다가갔다. 거기에 초대된 사람들을 안내하는 작은 게시판이 보였다. 추도 예배가 시작될 예정이었고 그곳에 기리는 사람의 이름이 적혀 있었다. 자신의 이름이었다.

미리암은 장례식장의 대예배당으로 들어갔다. 거기 있는 얼굴들을 바로 알아보지는 못했지만 자신을 맞아주는 목소리는 재깍 알아차렸다. 그것은 자신이 숱하게 들었던 바버라 헨드릭스의 목소리였다. 하지만 한 번도 들어본 적 없는 울림이었다. 마치 처음 듣는 것처럼 노래가 흘러나왔다. "서머타임 앤드 더 리빙 이즈 이지Summertime and the livin is easy……"(여름날에는 삶이 수월하다네……)•

의자들이 반원형으로 배치되어 있고 참석한 모든 추모객들이 여전히 미리암에게 등을 보이고 있었지만, 미리암은 자신이 몇 해 전부터 머릿속에 하나하나 구상해두었던 사항들을 단박에 알아차렸다. 실내에는 자신의 사진 몇 점이 한눈에 훤히 들어오게 걸려 있었고 노란색, 하얀색, 주황색의 장미, 국화, 라일락이 어우러진 꽃다발들이 풍성하게 놓여 있었다.

바바라가 속삭였다. "소우 허시 리틀 베이비, 돈 츄 크라이So hush little baby, don't you cry……"(그러니 쉿 아가야, 울지 마라……)

하지만 미리암은 울지 않았다. 자신에게 일어난 일을 즉각 이해하지 못했던 것이다. 그래서 딸과 사위, 손주들이 나서서 그녀를 천천히 앞으로 데리고 나와, 그 반원 중심에 의자를 놓고 앉혔다. 그제야 미리암에게 자신을 둘러싸고 앉아 있는 얼굴들이 모두 보였다. 미리암은 그들 한 사람, 한 사람을 알아보았다. 오랜 친구들과 딸의 지인들이었다. 그 가운데에는 동네 상인들, 수업을 함께 들었던 사람들, 오래전에 이사 간 이웃, 서른 해 이상 알고 지낸 단골 미용사, 그리고 참석하기 위해서 반차를 썼을 아파트 건물의 도어맨이 있었다.

모두가 웃고 있었다. 그때 딸이 미리암 앞에서 말을 꺼냈다.

• 조지 거슈윈, 오페라 〈포기와 베스Porgy and Bess〉의 "서머타임Summertime" 가사 중에서.

"엄마, 엄마한테 이렇게 이 순간을 경험하게 해드린다는 게 얼마나 위험천만한 일인지 나도 알고 있어요. 하지만 엄마를 위해서, 오직 엄마를 위해서 우리가 오늘을 준비했다는 사실만 알아주세요. 엄마는 몇 년이나 이 순간을 준비하셨잖아요. 이 으리으리한 행사를요. 엄마는 당연히 초대받을 수도 없는데, 어쨌거나 당신이 마음껏 감상하실 수 없을 초특급 무대를 꼼꼼하게 계획하셨죠.

가족, 자식, 손주, 친지 들한테 어찌나 입이 닳도록 말씀하시는지 우리가 아무리 말려도 그 고집을 누가 꺾겠어요. 그래서 우리가 엄마 살아생전에 엄마한테 선물해드리기로 결심한 거예요. 엄마가 그토록 사로잡혀 있던 이 순간을요. 그래요, 우리는 엄마가 이 순간을 경험할 수 있길 바랐어요. 그럼 그날이 어떤 풍경일지 보게 되실 테고, 어쨌든 만사가 계획대로 되면 마음을 고쳐먹으실 수도 있겠죠."

청중들이 웃음을 터뜨리고 미리암이 놀란 눈으로 지켜보는 가운데 루스는 자신의 어머니가 골라둔 발언자들에게 마이크를 넘기고 계획해둔 대로 음악을 하나씩 틀었다. 이렇게 해서 미리암은 어느 오후에 자신의 장례식을 경험했다.

물론, 그 장례식에는 중요한 것이 빠져 있었다. 자리에 있어야 할 죽음이 없었던 것이다. 아무도 그날 초대자 명단에 죽음을 포함시키지 않았고, 그렇게 맨해튼 76번가에서 생명이 죽음에 한 방 먹였다.

미리암은 사람들의 발언이 얼마나 우습고, 뜻깊고, 색달랐었는지 나에게 이야기해주었다. 관이 없다 보니, 미리암은 그 자리에 붙박여 결코 경험해볼 수 없었던 극강의 조롱을 경험했다. 미리암의 친구들과 지인들은 연신 돌아가며, 그들이 그녀에게서 그리워할 것과 그들이 사랑했던 것과 그들이 더이상 볼일 없어서 행복한 것을 일일이 늘어놓으면서 웃음을 유발하는 동시에 당사자를 은근슬쩍 자극하는 얄궂은 희열을 누렸다. 그들은 미리암이 만든 음식과 주특기 요리에 대해 그게 너무 짜거나 너무 푹 익었더라며 흠을 들추었고, 만나고 싶지 않은 모든 사람들에게 (아주) 서툴게 거짓말하는 그녀의 방식을 놀렸다. 또 듣도 보도 못한 이디시어를 섞어 푸념하며 앓는 소리를 내고, '공화당'에 투표할 것이라는 말을 듣고 싶어 하는 사람에게 그럴 마음은 눈곱만큼도 없으면서 그러겠노라고 약속하는 그녀의 기술을 흉봤다. 이 추모 예배당에서 단 한 번도 이토록 폭소가 터진 적이 없었고, 살아 있는 자에게 이만한 사랑의 징표를 드러낸 적도 없었다.

어떤 사람들은 이 계획이 너무 경솔한 거 아니냐고 혀를 차며 못마땅하게 여길 수 있다. 미리암은 자신을 위해 준비된 이 깜짝 선물로 인해 충격을 받아 주저앉거나 심지어 목숨을 잃었을지도 모른다. 하지만 미리암은 오히려 자신의 장례식에 대해서, 마치 한 번도 경험해본 적 없는 가장 놀랍고 중요한 사건이었던 것처럼 나에게 말했다.

과거 자신 안에 있던 무언가와 작별하면서 끝끝내 눈물을 보였던 미리암은 그 장례의 순간이 자신의 삶에 문자 그대로 '치명적인' 영향을 끼쳤다고 고백했다. 미리암은 바로 그 순간 자신 안에 무언가가 죽어서 이제 그것 없이 지내는 법을 배워나갈 것이고, 그리고 정확히 그 순간에 자신의 여생이 시작될 수 있음을 깨달은 것 같았다.

"서머타임 앤드 더 리빙 이즈 이지……" '때론 여름날에 삶이 다시 수월해질 수 있다'고 바바라 헨드릭스는 그날 오후에 약속했다. "피시 알 점핑, 앤드 더 코튼 이즈 하이Fish are jumpin, and the cotton is high……"(물고기는 뛰어오르고, 목화는 높이 자라네) 물고기들이 허드슨강 위로 높이 뛰어올랐다. 다시 강으로 뛰어들었을 때, 그들은 과연 똑같았을까?

내가 미리암을 알게 된 것은 그녀가 자신의 장례식을 경험하고 몇 년이 지난 뒤였다. 미리암이 나에게 들려준 그 놀라운 이야기는 분명 우리 모두 피할 수 없는 시간의 흐름과 기억의 재구성에 의해 걸러졌을 것이다. 하지만 나는 내 앞에 굳건히 살아 있던 한 여인을, 다른 사람들의 허기와 갈증, 요컨대 살아 있는 자들에 대한 돌봄을 최우선으로 삼던 여자를 증언할 수 있다.

미리암이 그 후로 자신의 장례식을 계속 계획했는지, 아니면 그 생각이 싹 사라졌는지는 알지 못한다. 아마도 계약 내용을 다시 협상하기로 마음먹고, 그 후로 죽음이 그녀에게 신청하는 모든 '데이트들'을 거절하지 않았을까?

미리암의 이야기를 들은 후에 나는 전과는 다른 시선으로 나의 히브리어 반 학생들을 바라보게 되었다. 그리고 과거의 나였던 그 랍비 교육생이 다시는 부활의 가능성을 문제 삼지 않으리라는 것을 알았다. 내가 그 증인이었으니까.

랍비 전승에서 죽은 자들의 부활은, 일반적으로 두 가지 개념, 두 평행 세계 속에서 이야기된다. 그것은 '*올람 하제Olam Haze*'(우리가 사는 세계)와 '*올람 하바Olam Haba*'(우리가 향해 가는 세계)다. 주해자들은 대부분 두 번째 세상에서 미래 구원의 약속, 아직 도래하지 않은 메시아 시대에서의 부활을 본다. 하지만 그들은 살아생전에 한 세상에서 다른 세상으로 여행할 수 있을 사람들을 위하여 두 세상의 공존 가능성을 배제하지 않는다. 있는 그대로의 세상은, 있을지 모를 세상으로 향하는 통로를 열어 둘 수 있다. 죽음은 두 세상을 분리하지만 때로는 죽음을 실제로 만나야만 새로운 세상에 들어갈 수 있다.

그런데 '올람 하바'에서는 어떤 맛을 볼 수 있을까? 현자들은 묻는다. 어떤 사람들은 '샤바트'(안식일)에서 그 맛을, 안식할 수 있는 구별된 시간이 주는 그 달콤한 맛을 느낄 수 있다고 단언한다. 또 어떤 사람들은 토라를 공부할수록 느껴지는 배움의 갈증이 그 맛을 예감하게 하고, 그것을 음미할 수 있도록 준비해 놓는다고 말한다.

나에게 '다가올 세상'은 미리암 덕분에 영원토록 우려낸 잎차 맛이 난다. 어느 여름날 되살아난 이후로 줄곧 우리에게 가향차를 권하며 그녀를 포기하지 않을 랍비에게 히브리어 수업을 해 달라고 조르는 한 여인이 맨해튼에서 공들여 준비한 차 맛.

모세

죽고 싶지 않았던 자

“죽는 사람들 곁에 있고, 또 묘지에서 살다시피 하다 보면 이젠 죽음이 별로 두렵지 않겠어요…….”

나는 이 말을 숱하게 들었다. 내 직업을 궁금해하는 사람들이 다소 점잖게 하는 말인데 아마 다른 사람들도 때때로 들을 것이다. 의사나 응급의료 종사자나 장의사 같은 사람들은.

죽음은 죽음을 멀리할 수 있는 사람들에게 어떤 믿음을 심어준다. 죽음과 가까이하는 사람들이 죽음과 안정된 관계를 맺고, 그들 사이에 생긴 은근한 동지애를 등에 업고 “무섭긴 개뿔!” 하고 호기롭게 말하면서 죽음을 비아냥거릴 수 있으리라는 믿음 같은 것.

가령 당신이 ‘종교인’이라면 당신한테 다른 특권이 있을 것이라고 바로 넘겨짚는다. 강력한 방공호 같은 신앙이 플러스알파의 평온을, 공포에 대한 면역을 줄 거라고…….

나는 상대방을 실망시키지 않을까 매번 주저한다. 죽음을 자주 접한다고 해서 사실상 변하는 건 하나도 없다고 털어놓아야 할까? 아니면 오히려 '기독교적 자비'로 상대의 믿음을 온전하게 지켜주고, 그나 그녀가 우리의 유한성을 평화롭게 받아들일 수 있는 길을 믿도록 잠자코 있어야 할까? 아니면 약간의 훈련이나, 더욱 그럴싸하게 몽테뉴•의 말대로 '철학'으로 "죽음을 배우는 것"이 가능하다고 생각하게 내버려둬야 할까?

나는 철학자건 아니건 간에 자신의 죽음에 대한 생각으로 공포에 떠는 수많은 학자들을 만났고, 자신의 죽음을 한 번도 생각해본 적은 없지만 그들 못지않게 마음의 준비가 되어 있는 비슷한 수의 사람들을 만났다. 요컨대 나는 신앙이 죽음의 두려움으로부터 우리를 보호해준다고 믿지 않는다. 어쨌거나 나의 신앙엔 그런 힘이 전혀 없었다.

다른 사람들의 임종을 지킨다고 해서 내가 죽음과 마주치는 불안에 면역된 것도 아니다. 그래서 나는 죽음을 배울 수 있다

• Michel de Montaigne(1533~1592)는 『수상록*Les Essais*』에서 "철학한다는 것은 죽음을 배우는 것이다"라는 키케로의 말을 인용한다.

고, 죽음을 수용하는 확실한 방법이 있을 거라고 호언장담하는 사람들을 모두 불신한다. 죽음이란 열 번의 강의를 듣거나 기술을 배운다고 알 수 있는 게 아니며, 한 학기 동안 수업을 듣거나 교육 프로그램을 이수한다고 자신의 죽음을 낙관할 수 있는 것도 아니다.

종교 이야기에서 사람들이 흔히 믿는 바와 달리, 『성서』 속 영웅들이라고 반드시 다른 사람들보다 용감무쌍하게 죽음을 맞이하는 것은 아니다. 도리어, 이야기 속 많은 인물들이 죽음에 대한 두려움에 사로잡힌 듯 보이고, 위대한 인물일수록 삶에 대한 집착은 쇠심줄처럼 더 강해 보인다. 예를 들면 『성서』에서 가장 유명하고 가장 현명한 사람, 하느님과 '얼굴과 얼굴을 마주' 했고, 그분의 존재를 절대 의심할 수 없는 사람이 바로 죽음을 거부한 자이고, 그가 느낀 사라짐에 대한 두려움은 실로 막강하다.

이것은 당신과 나만큼, 어쩌면 우리 모두를 합친 것보다 조금 더 많이, 죽고 싶어 하지 않았던 모세라는 한 사람의 이야기이다. 이것은 유대교 현자들과 『성서』 주해자들이 그의 죽음을 서술하기로 선택한, 그의 사라짐에 관한 이야기이다.

토라에서 모세의 죽음은 단 몇 줄로, 그것도 텍스트의 맨 마지막에서 다뤄질 뿐이다. 거기에는 이렇게만 적혀 있다.

"모세는 주님의 말씀대로 모압 땅에서 죽었다. 그는 그를 묻었는데, 오늘날까지 그의 무덤이 어디에 있는지 아는 사람은 아무도 없다. 모세는 죽을 때 나이가 백이십 세였으나, 그의 눈은 빛을 잃지 않았고 기력은 떨어지지 않았다."•

『성서』 속 영웅은 결국 약속의 땅 문턱에서 사망한다. 그는 여느 사람들과 다름없이 죽었지만, 그 이전의 다른 누구와도 같지 않은 방식으로 숨을 거둔다. 그 이유는 아무도 그가 매장된 장소를 알지 못할 뿐 아니라 누가 실제 그의 무덤을 팠는지도 모르기 때문이다. "그는 그를 묻었다"라고 텍스트는 말하는데, 여기서 주체인 "그"는 누구일까? 주해자들은 하느님이 직접 모세의 장례를 치른 것이라고 단정한다. 하지만 『성서』에서 신이 이러한 역할을 수행한 적은 단 한 번도 없었다. 아브라함은 그의 아들들의 손에 안장되었고, 아론은 그의 민족 지도자로 하느님의 부름을 받은 자들••에 의해 땅에 묻혔다. 그때까지 어떤 장례 예배도 제시된 바는 없었다.

모세는 결국 모두와 같이 죽되 누구와도 같지 않게 죽는다. 그는 백이십 세였음에도 자신의 힘을 완전히 통제할 수 있었다.

• [원주] 「신명기」 34:5-10.

•• 아론의 동생 모세와 아론의 아들 엘르아잘을 가리킨다. 「민수기」 20:22-29 참조.

그의 눈빛은 살아 있고 그의 기력은 정정하다. 마치 노화가 그에게 아무런 영향을 끼치지 않고, 최후까지 그였던 자로 변함없이 남아 있었던 것처럼. 그래서 '120'이라는 이 숫자는 유대인들에게 절대적 지평이 되었고, 간절히 이르기를 바라는 나이가 되었다. 유대인들은 생일 때마다 모세를 따라서 "백이십 세까지"라고 말한다. 그 나이까지 살 수만 있다면, 가장 위대한 인물의 수명뿐 아니라 그가 사망한 조건까지 누릴 수만 있다면.

모세는 정확히 무엇 때문에 죽은 걸까? 나이와 상관없이 아주 건강했던 사람이 도대체 왜 죽은 걸까? 어떤 법의학자도 이유를 말할 수 없을 테지만 주해자들은 확실한 단서를, 검시보다 더 믿을 만한 실마리를 갖고 있다. 그들은 『성서』 구절의 한 표현에서 사망 원인을 추적한다. 히브리어 낱말들은 대개 여러 가지 의미, 복수의 뜻이 있어서 『성서』를 치밀하게 읽는 독자들에게는 의심의 여지 없이 모세는 죽는다, 이중의 의미에서.

해당 구절은 그가 "주님의 말씀대로" 죽었다고 가장 널리 번역된다. 그러나 이 히브리어 표현 '*알 피 아도나이Al Pi Adonaï*'는 다르게 번역될 수도 있다. 주님의 "입술에서"라고. 그래서 현자들은 모세가 모압 평원에서 약속의 땅을 눈앞에 두고 하느님의 입맞춤으로 이 세상을 떠났고, 그 입맞춤에 영혼을 돌려주었다고 결론짓는다.

「창세기」에서 최초의 사람 아담의 콧구멍에 숨을 불어넣어 그를 숨 쉬게 하셨던 주님은 텍스트의 마지막 부분에 이르러 다른 이에게서 그 숨을 되찾으신다. 그분은 이처럼 가장 감미롭고 가장 고취鼓吹시키는 방식으로 모세의 영혼을 거두신다. 그 후로 이런 특별한 대우를 받고 비슷한 입맞춤으로 이 세상을 떠난 사람은 아무도 없지만, 모두가 그렇게 되기를 소망한다.

누가 봐도 현자들은 기어코 모세에게 가장 감미로운 죽음을 선사하려는 것 같다. 왜 그런 걸까? 분명 『성서』의 이야기에 감정이입하는 모든 독자들이 느끼는 불편한 마음을 달래기 위한 것이다. 그러니까 도저히 납득할 수 없는 부당함을 부드럽게 누그러뜨리려는 것이다.

모세의 죽음은 주해자들에게 죽음 가운데에서도 가장 위대하면서도 가장 불가해한 죽음이다. 어떻게 하느님은 약속의 땅을 눈앞에 두고 당신의 영웅을 죽게 내버려둘 수 있는 걸까? 이집트에서 히브리 민족을 탈출시키고 사십 년이나 광야에서 민족을 이끈 지도자를? 도대체 왜, 그가 뭘 어쨌다고 이런 처벌을 받아야 한단 말인가?

토라는 모세가 저질렀을 과오를 분명하게 암시한다. 모세는 광야에서 물이 터져나오도록 바위를 두 번 쳤는데, 이 행동이 비난을 산 것처럼 묘사된다. 바위를 절대 쳐서는 안 됐던 걸까?

아니면 단 한 번만 쳐야 했던 걸까? 바위에 말하거나 기도하거나 아니면 그냥 갈 길을 계속 가야 했던 건 아닐까? 주해자들은 이 문제에서 이견을 보이는데, 심지어 어떤 이들은 모세의 잘못으로 추정되는 행동은 그저 핑계일 뿐, 하느님은 애초에 약속의 땅으로 그를 들일 의도가 없었다고까지 말한다. 모세의 여행은 거기에서 멈춰야 했고, 그의 임무는 목적지 입구에서 끝나야 했던 것이다. 그는 결국 그곳을 들어가서는 안 되었던 것이다.

많은 주해자들에게 모세의 죽음은 옹호할 수 없는 것으로 남는다. 그때부터 그들은 그들의 문학에서 모세의 반항을 '창작'하며 그를 최후까지 죽음에 맞선 인간의 원형으로 삼는다.

다양한 시대에 쓰인 수십 가지 유대 전승들은 모세가 죽음으로부터 벗어나기 위해 시도했던 모든 것을, 예정된 죽음에 맞서 그가 벌인 격렬한 사투를 묘사한다. 전승들은 모두 나름의 방식으로, 제아무리 위대하고 특별할지라도 한 인간일 뿐인 사람이 자신의 죽음에 관한 예언을 들었을 때, 그에게 일어나는 일을 서술한다.

자신이 곧 죽을 것이라는 사실을 알게 된 사람의 머릿속에선 무슨 일이 벌어질까? 이 질문에 랍비 문학은, 현대 심리학이 저들의 대답을 제시하기 무려 수천 년도 전에 그 대답을 개괄적으로 서술한다.

20세기 말에 수많은 정신과 의사들이 말기 환자가 겪는 정서적 반응의 단계적 양상을 기술하기 시작했다. 삶의 끝에 느끼는 감정들을 유형화한 가장 유명한 이론들 가운데에는 엘리자베스 퀴블러-로스Elisabeth Kübler-Ross의 이론이 있다. 엘리자베스 퀴블러-로스는 죽음을 앞둔 환자들 모두가 정도의 차이는 있지만 다섯 단계를 똑같이 거친다고 말한다. 즉, 죽음을 부정하다가 분노의 감정을 내보이고, 죽음의 시기를 미루기 위한 일종의 협상에 착수한 뒤에, 노력의 헛됨을 알고 우울감에 휩싸이는데, 그렇게 우울의 단계가 끝나야 비로소 죽음을 받아들일 수 있다는 것이다.

부정, 분노, 협상, 우울, 체념, 달리 말하면 죽어가는 사람들 대부분이 차례차례 이 순서대로 말하리라는 것이다. "뭔가 잘못된 게 틀림없어." "이거 해도 해도 너무하잖아." "이런저런 날까지만이라도 제발 살게 해주세요." "다 무슨 소용이야?" "이제는 준비됐어."

물론, 전문가들은 오늘날 이 단계가 인간의 감정을 지극히 단순화한다는 점을 인정한다. 죽음에 직면한 개개인이 가는 길은 유일무이하다. 인간 감정의 폭을 압축해 규격화할 수도 없고, 죽음을 준비하는 모든 사람이 가는 길을 요약해 획일적으로 유형화할 수도 없다.

우연치곤 희한하게, 모세의 죽음에 대한 랍비 전승은 기원 후 초기 몇 세기부터 쓰여졌음에도 이 심리적 변화의 단계들을 반

향한다. 전승들은 이 모든 가능성들을 하나씩 예시하는 것처럼, 모압 평원에서 자신의 죽음을 앞두고 영웅이 건너야 했을 길-감정을 거의 단계별로 고찰한다.

예컨대, 유명한 미드라시•에서 모세는 자신이 들은 예언을 믿지 않으려 한다. 하느님이 아무리 "너는 약속의 땅에 들어가지 못한다"라고 말씀하셔도 영웅은 끝까지 자신이 들어갈 수 있을 거라고 믿는다. 사실상 그는 하느님의 생각을 돌이키게 만든 전적이 있지 않은가? 광야에서, 주님이 금송아지 우상을 섬긴 히브리 민족을 절멸시키겠다고 맹세했을 때, 모세의 간구로 그분은 뜻을 거둔 바 있었다. 만일 하느님이 이미 당신의 계획을 바꾼 적 있으시다면, 또 그러지 않으리란 법이 있나? 모세는 죽음을 거부하면서 신과 자신의 내밀한 관계가 자신에게 구원이나 적어도 유예를 주리라고 확신하는 듯 보인다.

다른 전승에서는 모세가 분노하며 외친다. 절대 못 죽는다고.

그러자 하느님이 모세에게 말씀하신다.

"허나 너의 아버지와 너의 할아버지는 너 이전에 죽지 않았느

• [원주] Midrash Petirat Moshé(모세의 죽음에 관한 미드라시). 미드라시는 유대교의 『성서』 주석 방법 또는 그 내용을 실은 책으로 『성서』에 관한 설교적이거나 율법적인 해석이 담겨 있다.

냐?"

"확실히 그렇습니다만," 모세는 대답한다. "저는 아주 큰일들을 해냈으니 계속 살아 마땅하지 않습니까."

"아브라함, 이사악은 어떠하냐? 앞선 세대의 이 위대한 자들도 너 이전에 죽지 않았느냐?" 하느님은 물으셨다.

"확실히 그렇습니다만," 모세는 재깍 반박한다. "그 모든 분들이 낳은 자손들은 길을 헤매지 않았습니까. 그분들이 남긴 사람들은 너무 불완전했습니다."

모세는 자신의 길이 훨씬 본보기가 되고 그가 세상에 기여한 바가 훨씬 이례적이라고 암시한다. 그러므로 응당 보상을 받아야 한다는 것이다. 이번에는 하느님이 모세의 말을 자르고 그가 잊은 체하는 과거 일을 상기시킨다.

"모세야, 너는 이집트인을 죽이지 않았느냐?"•

그러자 그는 두둑한 배짱으로 자기 안에 되살아난 죄책감을 하느님에게 부메랑처럼 돌려보낸다.

"그럼 주님, 당신께서는 이집트의 모든 장남들을 어떻게 하셨습니까?"••

• 파라오 딸의 양자로 자란 모세는 어느 날, 왕궁 바깥에서 고되게 노동하는 자신의 동족이 이집트 사람에게 매질당하는 모습을 목격하고, 그 이집트인을 몰래 쳐 죽인 뒤 미디안 땅으로 도망친다.

•• 하느님이 이집트에 내린 열 가지 재앙 중 마지막 재앙. 「출애굽기」 12:21-30 참조.

죽음 앞에서 모세는 분노를 터뜨리고 하느님에게 직접 화풀이를 한다. 주해자들 역시 그것을 알고, 하느님의 잔혹한 행위를 면죄하시 않는 어느 당돌한 인간의 목소리를 들려줄 준비가 되어 있다.

다른 전승에서 표현되는 것은 타협과 협상이다. 모세는 신에게 거래를 제안하며 어떻게든 생존 가능성을 확보하려고 한다. "다른 형상으로라도 살 수 있다면요?" 그는 애걸복걸한다. "새든 암사슴이든 수사슴이든, 제가 다른 생물이 되어서 이 세상에 머물 수 있다면 어떻겠습니까?"

논쟁 끝에 모세는 무너져내리는데, 랍비 전승들 속의 목소리는 하나의 이미지로 그를 묘사한다. 어느 날 모세는 땅에 원을 그리고 그 안에 들어앉아 자신의 길은 끝났다고, 그곳에서 한 발짝도 나가지 않겠다고 들으라는 듯이 울며불며 소리쳤을 것이다.

그러자 하느님은 그를 딜레마에 빠뜨리신다.

"나는 두 가지를 맹세하였다. 하나는 광야에서 금송아지 우상을 숭배한 히브리 민족을 완전히 없애기로 한 것이고, 다른 하나는 네가 약속의 땅에 들어가지 못하리라는 것이었다. 너 모세야, 너는 나에게 나의 첫 번째 약속을 철회해달라고 빌었고, 나는 너로 인해 히브리인들의 목숨을 보전해주었다. 한데 네가 지금 내 두 번째 언약을 취소하고 너를 살려달라고 애원한다면, 너는 내가 그 대가로 첫 번째 번복을 철회하는 것을 받아들일 각오가 되어 있느냐? 너의 온 민족의 생존과 너의 생존을 맞바꿀 각오는 되어 있겠지?"

이 극적인 전승에서, 하느님은 마치 약속을 단 한 번만 무를 수 있고, 내뱉은 말도 단 한 번만 거두어들일 수 있는 것처럼 말씀하시며, 이 책임을 한 사람의 손에 맡기신다. 그분은 모세가 자신의 생명과 민족의 생명 중에서 선택하게 하신다. 물론, 가혹한 데다가 심하게 비윤리적인 장면이다. 하지만 랍비들은 마치 문학적 창작과 허구의 각본을 동원해서라도 모세가 죽을 수 있게 도와줘야 한다고, 그가 수락할 수밖에 없을 선택에 직면하게 해야 한다고 마음먹은 것처럼 보인다. 그의 위대함을 영원토록 잃지 않기 위해서라도.

모세는 결국 죽음을 감수하고, 모세의 결심은 그때부터 민족 전체의 구원의 조건이자 그가 죽은 뒤에도 살아남아 그의 이야기를 읽고 주해하는 모든 이들에게 준 생명이 된다. 모세는 죽으면서 또다시 우리를 살리기로 결심했던 것이다.

랍비들의 이 이야기 속에서 위대함은, 이야기가 묘사하는 위대한 영웅성에 있는 것이 아니라 오히려 그의 절대적 인간성에 있는 것 같다. 모세는 지도자, 전략가, 투사, 현자였지만 최후까지 두려움과 의심을 품고, 우리 모두와 같이 때때로 불신과 오만을 보이고 분노나 절망에 휩쓸리는 존재로 남았다. 죽음 앞에서 그는 벌벌 떨며 간청한다. 그의 두려움은 곧 우리의 두려움이며, 아무도 우리에게 그보다 나은 행동을 요구하지 않는다. 영웅적 행위란 결국에 끝을 더이상 두려워하지 않는 것이 아니라 극심한 공포에도 불구하고, 우리가 죽은 뒤에도 살아남을 자들을 항상 염려하는 것이다.

모세가 죽음을 각오할 때 하느님은 그에게 산 위를, '느보*Nebo*'라는 산봉우리를 오르게 하신다. 그는 그곳에서 멀리 약속의 땅을 내려다볼 수 있었을 것이고, 그 후에 이 세상을 하직했을 것이다. 이 산의 이름은 히브리어로 '예언'을 의미하는 어근에서 유래한 것일 수 있지만, 『성서』 시대에 이 지역에서 숭배되던 메소포타미아의 신 '*나부Nabu*'의 차용일 가능성 또한 배제할 수 없다. 지혜와 문자의 신인 '나부'의 상징은 갈대와 서판, 글로 기록하여 전승하는 도구들이다.

나는 『히브리 성서』(구약성서)가 우상숭배와 이교신에 맞서 악착같이 싸우는 가운데에서도 그의 영웅을 문자의 신에게 봉헌된 산 위에서 죽게 함으로써 그 이야기를 계승하며 죽음을 숙고할 유대인들의 역사 속에 이교의 흔적을 남겼다는 사실이 좋다.

우리가 이제부터 할 이야기는 모세의 죽음에 관한 모든 전승들 중에 가장 널리 알려져 있는 이야기이다.• 이 전승을 통해 우리는 『성서』의 가장 위대한 사람이 언젠가 올랐던 산 위에서 마음 놓고 평온하게 죽을 수 있었던 까닭을 알게 된다. 현자들은 『탈무드』의 한 소론에 이 이야기를 멋스러운 글로 담아 전 세대에 걸쳐 전승의 가르침을 연구하게 했다.

어느 날 모세가 산을 올라가 그 꼭대기에서 하느님을 만났는데, 그분은 알 수 없는 일에 매달리고 계셨다. 분주히 토라의 문자들 위에 작은 점을 새겨 넣는 일이었다. 그 점들은 마치 문자 꼭대기에 달린 잔가지 같았다. 오늘날까지도 전 세계의 시너고그에서 우리는 양피지에 아름답게 흘려 쓴 이 작은 형상을, 토라의 두루마리 위에서 가시처럼 낱말들을 장식하는 듯 보이는 이 작은 화관••을 본다. 하지만 아무도 그것이 무엇을 가르치고 이야기하는지 정확히 알지 못한다.

모세가 산 위에서 갈대를 손에 쥐고 신중하게 토라의 문자들을 예시하시는 하느님을 알아보았을 때, 그분에게 묻지 않을 수 없었다.

• [원주] 『탈무드』, 「메나호트」 29b.

•• '타그tag' 또는 '케테르kether'. 각각 아람어와 히브리어로 '왕관'을 의미한다. 유대 문헌에서 특정 히브리어 문자들의 상단에 그려진 장식으로 위쪽으로 뻗어 있는 형상이다.

"왜 당장에 사람들에게 토라를 주지 않으시고 시간을 낭비하시는 겁니까? 어째서 뭔지도 모를 이 작은 장식들 때문에 마냥 기다려야 한단 말입니까?"

그러자 하느님이 당신의 종에게 대답하신다.

"언젠가 오랜 세월이 흘러 한 사람이 세상에 태어나서, 이 작은 점들을 하나하나 해석하고, 주해하고, 내가 여기에 단 각각의 잔가지들에 대한 훌륭한 독법을 제시하리라는 것을 명심해라."

모세는 하느님에게 그 비범한 자를 만나게 해달라고, 언젠가 나타날 이토록 재능 있는 자를 자신에게 보여달라고 간청한다. 그러자 하느님은 모세를 위해 기적을 행하시며 그에게 말씀하신다. "돌아서라!"

모세가 뒤를 보자, 그는 순식간에 몇 세기 후 어느 율법학교로 이동하였다. 그곳에서 랍비 아키바•라는 훌륭한 스승이 그의 학생들에게 토라의 문자 꼭대기에 아름답게 흘려 쓴 작은 점들의 의미를 낱낱이 설명하고 있었다. 교실 한구석에 앉은 모세는 가르치는 내용을 단 한 자도 이해하지 못한 채, 눈이 휘둥그레져라 경탄하며 듣는다. 시나이산에서 주님에게 직접 토라를 받았던 사람도 알지 못하는 이 지혜가 도대체 어디에서 나올 수 있었단 말인가? 정확히 이 질문을 스승이 받았다.

• 아키바 벤 요세프Akiva ben Yosef(50~135). 『탈무드』 최초의 편집자.

"스승님은 이 지혜를 어디에서 얻으셨습니까? 누가 그것을 알려주었습니까?"

스승은 학생의 물음에 주저 없이 대답했다. "이 지혜는 모세가 언젠가 계시의 순간에 시나이산에서 받은 것이고, 그가 우리에게 전달해준 것이다."

모세는 안도감을 느낀다. 분명 그날, 그는 생애 처음으로 죽음을 바라볼 준비가 되었을 것이다.

이 이야기 안에 거의 모든 것이 담겨 있다. 그것은 기대에 부응하지 못하는 한 인간의 불안, 죽음을 알기 전 느끼는 두려움이다. 이 이야기는 또한 한 인간이 평화롭게 떠나고, 죽음을 배울 수 있도록 해주는 것이 무엇인지 보여준다. 모세는 시나이산에서 토라를 받았지만, 그보다 훨씬 뒤에 그가 몰랐던 것을 해석할 줄 아는 사람들이 홀연 나타난다. 이 학자들은 모세보다 더 많은 것을 알지만, 자신들이 지닌 것은 그에게 빚진 것이라고 줄곧 이야기한다.

말하자면 모세는 그의 민족에게 문자의 형태로 지혜를 전달했던 것이다. 그 문자들은 정확히 그 문자들을 장식하는 신비로운 점들처럼 자라날 수 있었을 것이고, 모세가 세상에 전한 이 나뭇가지들은 그를 넘어서 성장할 수 있었을 것이다. 모세의 생명은 언젠가 그의 계승자라고 주장할 사람들이 키워낼 어떤 싹을 품고 있다.

더욱이 각 세대는 다른 세대에 뒤이어 오기 때문에 부식토 위에서 성장하며, 이 부식토 덕분에 무언가를 키워낼 수 있는 것이다. 비록 떠난 자들은 시간이 없어 그것이 꽃 피는 것을 보지 못할지라도.

이것이 하느님이 손에 갈대를 쥐고, 고대 '문자의 신'의 이름을 지닌, 예언의 산꼭대기에서 모세에게 보여주신 전승의 열쇠이다. 그분은 인간들 중 가장 위대한 자에게 말씀하신다. 확실히 너는 죽을 테지만, 너의 생이 남긴, 아직은 미미한 흔적뿐인 무언가를 너의 후손들이 자라게 할 것이다. 너의 존재와 너의 가르침의 위대함은 너의 뒤에 올 자들을 통해서 계속 드러날 것이다.

모세는 이 말을 이해함으로써 평온을 찾을 수 있었고, 그토록 두려워했던 것을 받아들일 마음의 준비가 되었다.

유대교가 죽음에 관해서 가르칠 수 있는 거의 모든 것이 이 전승 안에 있다. 죽음을 배운다는 것이 가능할까? 그렇다. 단 두려움을 회피하지 않고 모세처럼 돌아서 미래를 본다는 조건하에서 가능하다. 미래는 우리 앞이 아니라 우리 뒤에, 우리가 막 오른 산의 흙 위에 새겨진 우리 발자국에 있다. 그 흔적 속에서, 우리를 뒤따를 사람들과 우리 뒤에 살아남을 사람들이 우리가 아직 거기에서 볼 수 없는 것을 읽을 것이다.

유대인들은 우리의 죽음 후에 무엇이 있는지 알지 못한다고 단언한다. 하지만 그 말을 이렇게도 표현할 수 있을 것이다. 우리가 죽은 후에 우리가 모르는 것이 있다. 우리에게는 아직 드러나지 않았지만, 우리가 앞서 존재했기 때문에 훗날 다른 사람들이 우리보다 더 잘 만들고, 잘 말하고, 잘 이야기할 무언가가 있다고.

이스라엘

죽은 사람을 살리는 분

그가 늦은 오후에 헤르츨 대로에 있던 나의 집에 도착했고, 우리는 곧장 텔아비브로 출발했다. 오후 여섯 시 정도였지만 예루살렘의 출구는 벌써 교통이 혼잡했다. 교통체증은 고속도로의 첫 번째 코너에서부터 시작됐다. 나는 그날 저녁에 이 차량들 가운데 우리와 행선지가 같은 사람들이 얼마나 될지, 과연 이 속도로 우리가 제시간에 도착할 수는 있을지 궁금했다.

며칠 전부터 우리는 이 토요일 저녁을 위해 일정을 꼼꼼하게 세워두었다. 적절한 출발 시간과 최적의 주차 장소, 늦은 밤 교통체증을 감안해서 돌아오는 데 걸릴 시간, 심지어 다음날 아침 그가 군대에 복귀하기 전에 조금이라도 쉬려면 집에 돌아와 있어야 하는 시간까지 헤아렸다.

그는 부대에 외출 허가를 받고, 민간인 복장으로 권총만 눈에 띄지 않게 허리춤에 차고 나를 데리러 왔다. 우리는 서로 입을 맞추고 거의 말 한마디 나누지 않고 길을 나섰다. 우리의 대화는 도시의 출구에서부터 차츰 이어졌다. 그리고 우리가 이제는 서로 히브리어로만 말한다는 사실을 그때쯤 깨달았다.

우리의 이야기가 막 시작되었을 때, 영어는 우리에게 중립지대가 되어주었다. 우리가 처음 주고받는 말들의 스위스 같은 것이었다. 그렇게 몇 달이 흐르고 이윽고 삼 년 가까운 시간이 지나는 동안, 우리는 언어 사이에서 흔들렸고 우리의 문장은 뒤섞인 영향을 받았다. 나는 점차 히브리어의 비중을 늘려가면서도 늘 프랑스어 단어를 몇 개 섞어서 말하곤 했다. 예를 들어 그가 다시 부대로 복귀할 때면 "페 아탕시옹 아 투아, *모텍 셰리*, 플리즈"(몸조심해, 자기야, 응?) 하고 말했다. 군인으로서 그가 어떤 일상을 보내는지 거의 알지 못했지만 나는 온 언어로 그를 염려했다.

그날 저녁, 나는 우리가 히브리어로 사랑의 바벨탑을 극복했다는 사실을 깨달았다. 이제 우리는 히브리어로만 대화했다. 말의 빈도는 예전보다 줄었을 것이다. 어쩌면 그것이 모든 연인의 운명이지 않을까. 같은 언어로 소통함으로써 결국 서로의 말을 진짜 이해하게 되는 것. 오해가 끝나는 곳에서 여전히 많은, 서로의 다른 것들도 끝이 난다.

함께 몇 년을 보내면서 우리의 말은 순화되었다. 우리는 외국어의 영향에서 벗어났다고 믿었다. 그때까지는 그 거짓을 제대로 숙고하지 못했다. 그 후로 몇 년이 지나서야 알게 된 사실이었다. 어떤 언어도 순수하지 않다는 것, 더구나 히브리어는 다른 언어들보다 조금 더 그렇다는 것을.

불사조처럼 재에서 다시 살아난 이 언어•에는 새롭거나 근본적인 체하는 복수의 목소리들이 섞여 있다. 하지만 히브리어는 외부의 영향하에 있는, 고통스러운 역사에 점령당한 언어다. 아무리 독립적인 언어로 현대에 되살아났다고 해도, 이 언어에는 외부 세계가 들러붙어 있어서 결국 외부 세계에 점령된 영토다. 히브리어만큼 외래어에서 비롯된 단어들이 이토록 많고, 다른 곳에서 유래되었다는 사실조차 까맣게 잊을 만큼 머나먼 기원의 가지들이 접목된 언어는 지극히 드물 것이다.

유대인이 사용하는 기년법인 히브리력(유대력)의 월들은 모두 바빌론력에서 가져온 것이다. 달력의 수많은 단어들은 고대 그리스어 또는 독일어에서 유래되었고, 누구나 다 알다시피 이 지

• 히브리어는 유대 민족의 언어이지만, 서기 70년 로마에 예루살렘이 멸망하고 유대인들이 전 세계에 흩어져 그 나라의 말을 사용하면서 점차 사어死語가 되었다. 하지만 1948년 팔레스타인에 이스라엘이 건국된 후에 민족 정체성을 확립시키기 위해서 고대 텍스트와 종교의식의 언어였던 히브리어를 일상생활에서 재탄생시킨다.

역에서 매우 중요한 '종교'라는 단어조차 히브리어로 존재하지 않는다. 우리는 그것을 '다트*Dat*'라고 부르면서 그것이 페르시아 단어라는 사실을 모른 체한다.

히브리어로 말하는 것은 대개 유대인들이 어떤 문명을 마주쳤는지 이야기하는 것이고, 그들이 빌렸거나 강요받은 무언가의 흔적을 발견하는 것이다. 네가 어디로 망명했고 누구의 지배를 받았고 누가 너를 죽이려 했는지 말해주면, 네가 어떤 언어로 말하는지 내가 말해주리라. '순수한' 히브리어는 항상 다국어이고, 무엇보다 다층적으로 구성되어 있다. 히브리어에는 이렇듯 외부의 영향이 층층이 쌓여 있다. 물론 모든 언어가 그렇지만, 히브리어는 부활함으로써 그 현상을 훨씬 더 노골적으로 드러낸다.

예루살렘을 벗어나 주요 도로에서 세 번째로 꺾어지는 지점부터는 땅 색깔이 조금 바뀌면서 다른 퇴적들이 모습을 드러낸다. 시야에 작고 네모난 하얀 돌들이 빽빽이 들어찬 풍경이 펼쳐지는데 그 돌들은 아주 멀리, 수만 킬로미터 거리에서도 보인다. 무덤들이다.

고속도로는 '기바트 샤울Giv'at Shaoul'이라는 거대 묘역을 끼고 이어져 있다. 그곳은 머지않아 도래할 구원을 위하여 메시아를 초조하게 기다리는 모든 사람들을 위한 공동묘지다. 메시아는 국도의 교통체증으로 살짝 늦어지고 있지만 조만간 이곳에 올 것이다. 그분은 오신다, 약속된 일이다, 라고 표지판들에 적혀 있고 거기에 한 랍비의 초상이 박혀 있다. 죽었다고는 하지만…… 그렇지 않을 수도 있는.

이곳에서 말하는 언어에 남은 외국어의 흔적들처럼, 이 묘지도 여러 층위의 흔적들을 간직한다. 전 세계에서 와서, 온갖 언어로 그곳에서 안식을 취하겠다는 의사를 밝힌 망자들이 이 묘지에 모여 있다. 온 세상에서 모인 사람들은, 메시아가 처음 들르기로 약속한 이 전례 없는 도시의 입구에 묻히기를 바랐다.

유대인들은 날마다 기도하며 말한다.• "찬양받으소서 주님, 죽은 사람들을 살리는 분이시여." 도래할 부활에 대한 믿음은 예루살렘을 가슴에 품게 한다. 전 세계 사람들이 이곳으로 와서 부활을 기다리는 이유는 구원의 순간에 살아난 이들의 무덤이 열리면, 제일 먼저 그들이 구원받을 것이라고 전해지기 때문이다. 예루살렘에서 잠드는 것은 어쨌거나 다른 곳보다 밤의 시간을 더 줄이는 것이다. 먼저 깨어나는 자들에 속하는 것이다.

• 유대교는 하루 세 번 기도하며 '셰마', '아미다', 모세오경을 낭송한다. 여기서 '아미다'는 선 자세로 조용히 암송하는 기도를 말하며 18개 항목의 기도문으로 이루어져 있다.

고백하자면 나는 이스라엘이 어떻게 이토록 많은 사람들에게 죽으러 오는 나라, 혹은 묻히러 오는 나라가 될 수 있었는지 전혀 이해하지 못했다. 당시로서는 더더욱 이해하지 못했다. 이스라엘은 내가 갓 어른이 되었을 때 살러 온 나라, 미래의 나라이자 역사가 시작된 나라였다. 그곳은 정확히 말해서 결별할 수 없었던 유럽의 묘지들에서 나를 벗어나게 해준 장소였다.

이스라엘은 약속과 피난처의 이름이었고 새 출발의 가능성이었다. 이 나라는 말했다. 부활은 개인의 죽음 후에 가능한 것이 아니라 망명국들이 구할 수 없었거나 구하기를 원치 않았던 민족 모두의 집단적 경험 후에 가능하다고. 이스라엘은 그런 일이 더이상 일어나지 않을 것이라고 말했다. 이어지는 역사가 우리 손안에 달려 있었기 때문이다. 그것은 무덤들과, 묘지 없이 남겨진 죽은 자들의 유럽 대륙을 떠나서 조상이 약속한 길로 접어드는 것이었다. 생명을 향해 가는 것이었다.

그날 저녁 우리가 예루살렘부터 텔아비브까지 달린 그 길 위에서 이스라엘은 결국 말도, 땅도 아니었다. 그것은 나에게 운전하는 한 남자의 형상으로 나타났다. 그는 내가 이곳에 오기 전에는 한 번도 만난 적 없는 유대인이었다. 그에게는 완전하고 본래적인 어떤 것이 있었다. 약간의 촌스러운 지식과 짧게 자른 군인의 머리도, 전부 내 어린 시절에 겪은 디아스포라• 유대인의 경험에서 수천 킬로미터나 떨어진 것이었다.

우리의 만남에는 디아스포라의 아이와—이곳에서 이 나라의 아이를 가리키는 말인—완벽한 '사브라*sabra*'를 대립시키는 모든 상투적인 것들이 있었다. 나는 망명자였고, 그는 땅에 심어졌다. 키부츠••에서 나고 자란 그는 내가 자연에 관해 아는 게 거의 없다는 걸 이해하지 못하는 눈치였고, 나에게는 그가 우리 역사와 내가 만난 그 비극들에 가장 무지한 남자, 진정 뿌리내린 유대인처럼 보였다.

그의 세상은 낯설었지만 그의 언어에는 내게 친숙한 조상의 선율이 있었다. 그리고 특유의 억양이 그 선율에 이국적인 음색을 더했다. 그 선율은 우리 역사를 항상 떠나지 않았던 메시아의 음악이었다. 그 핵심에 자리한 희망으로 인해 많은 유대인들은 여러 다양한 상황에서 이렇게 말했다. "다른 가능성이 있을지 몰라." 그의 언어 속에서 유대인들의 입에 붙은 이 말의 가장 세속적인 버전이, 초기 시온주의•••가 그 탄생에서부터 품고 있

• 이스라엘 땅을 떠나 세계 각지에 흩어져 살며 유대교의 규범과 생활 관습을 유지하는 유대인 또는 그들의 거주지를 가리킨다.

•• 이스라엘의 집단 거주지이자 생활 공동체. 주민 대부분이 농업에 종사하면서 재산을 공유한다.

••• 시온주의는 세계 각지에 흩어져 있던 유대인들이 조상의 땅 팔레스타인에 자신들만의 독립된 민족 국가를 건설하려는 운동으로, 1948년에 이스라엘의 독립을 이루어냈다.

던 신비주의적인 동시에 무신론적인 저 유산이 울려퍼졌다.

초기 시온주의자들은 인문주의적 유토피아를 말하면서 세속적 맥락에서 전통적인 종교적 어휘들을 빌려왔을 것이다. 하느님이 어디에도 들어설 자리가 없는 무신론의 전례에 따라, 그들은 땅의 수복과 세상의 회복, 그리고 모든 예속의 지평에서 희년•을 노래했다. 그들의 반反종교적인 성직자들은 선지자들의 종말론들을 재해석했고, 루블린과 로지••와 그 외 율법학교의 재에 묻힌 텍스트들을 전달했다. 그들은 과실들이 자라고 농가들이 세워질 땅 위에 경전의 말들을 다른 음정으로 옮겼다.

이스라엘의 건국은 결국 『성서』의 예언처럼 이야기되었다. 정의를 부르짖고 다른 사람들에게 다시 일어서리라 약속하는 사람들의 목소리로. 그 목소리는 선지자 이사야•••와 에제키엘의 울림들, 마른 뼈에 살이 돋아날 것이고 시온 쪽을 바라볼 것이라는 약속을 전달했다. 이 전승들은 시너고그에서 이루어지는 독법과 거리가 멀 뿐 아니라 그것들을 전달한 모든 정통 교

• Jubilé. 이스라엘에서 50년마다 공포하는 안식의 해. 희년의 역사적 의의는 자유의 선포다. 노예에게 자유를 주고, 빚은 탕감해주고, 모든 토지는 본래의 소유주에게 돌려주었다.

•• 각각 폴란드의 도시로 유대인의 전통 교육기관인 예시바Yeshiva가 유명하다.

••• 기원전 8세기 무렵 유대 선지자. 아시리아가 이스라엘을 지속적으로 위협하던 시기에 백성에게 구세救世의 가르침을 설파했다.

리에 본능적으로 적대적인 사람들에 의해 이야기되었다. 이스라엘의 세속적 부흥의 언어는 조상의 메시아 사상과 유사하게 들렸다. 사람들은 그 언어가 메시아 사상을 세속화하면서 약화시킨다고 믿었다.

국가 건설자들은 "이미지들일 뿐"이라고 말했다. "알레고리, 신화……"일 뿐이라고. 그들은 말이, 살아 있지 않으며 우리가 쓰는 용도로만 존재하는 도구처럼, 단지 현실을 가리키는 데 사용되는 것이라고 확신했다. 그들은 언어에 세상을 만들기도 하고 세상을 무너뜨리기도 하는 힘이 있다는 사실을 몰랐던 걸까? 「창세기」 이후로, 특히 우리가 히브리어로 말을 할 때도 사정은 다르지 않다.

이 사람들은 망자의 부활 못지않게 말의 부활을 믿지 않았지만, 이들이 틀렸다. 왜냐하면 말은 그 말을 입에 담았던 사람들보다 훨씬 전에, 그리고 메시아가 도래하기 훨씬 전에 자신의 무덤에서 나올 수 있기 때문이다. 예루살렘에서는 말이 제일 먼저 깨어날 수 있다.

나는 이것을 이 도시에서 '카발라'를 가르쳤던 아주 위대한 인물, 전위적인 시온주의자이자 유대교 신비주의 연구의 대가 게르숌 숄렘•에게 배웠다. 1926년 어느 날, 그는 자신의 벗인 프란

• Gershom Scholem(1897~1982). 유대교 학자·신비주의 카발라 연구의 석학.

츠 로젠츠바이크•에게 편지 한 통을 띄웠다. 거의 한 세기가 지났지만, 우리는 이 편지의 의미를 이제 겨우 해석하기 시작했다.

숄렘은 이 편지에서 그가 대단히 소중하게 여긴 히브리어의 부흥을 이야기하고, 뒤이어 다음과 같이 서술한다.

"우리 아이들의 피가 되고 살이 되는 이 거룩한 언어가 언젠가 반드시 열릴 심연을 이루지 않겠습니까? 확실히 이곳 사람들은 그들이 무슨 일을 저지르고 있는지 알지 못합니다. 히브리어를 세속화시켰다고, 이 언어에서 그 종말론적 암시를 제거했다고 믿지요. 하지만 물론 그건 사실이 아닙니다. 언어의 세속화는 말버릇이고 굳어진 표현일 따름입니다. 언어 자체를 없애지 않는 한, 의미로 가득찬 단어들을 비운다는 건 어림없는 일입니다. 만일 우리가 물려받은 언어를 우리 자손에게 그대로 전해준다면, 우리 과도기 세대가 부흥시킨 그 언어를 통해 그 고서들의 의미가 그들에게 다시 드러난다면, 이 언어의 종교적 위력이 이 언어를 사용하는 우리 후예를 언젠가 무참하게 공격할 위험이 과연 없겠습니까? 이 폭발이 일어나는 날에 어떤 세대가 그 여파를 감당하게 될까요?"••

• Franz Rosenzweig(1886~1929). 유대계 독일 신학자·철학자.

•• [원주] 스테판 모세의 『역사의 천사*L'Ange de l'Histoire*』(파리: 쇠유 출판사, 1992)에서 게르숌 숄렘의 편지 인용 참조.

1926년에 아직 국가는 아니었지만 위기에 처한 모든 유대인들에게 피난처가 되어주기를 바란 어느 지역에 살던 한 사람이, 쫓기는 유대인들을 깡그리 말살할 태세를 갖춘 매우 조직적인 나라에 사는 다른 사람에게 편지를 쓴다. 하지만 이런 경고의 말을 한 사람은 후자가 아니라 전자였다. 언어를 경계합시다. 말에 잠재되어 있는 선조의 폭력을 들읍시다. 우리의 말 속에, 제거할 수 없는 뇌관을 가진 폭탄이 감춰져 있다는 걸 어떻게 확신하지 않을 수 있을까요?

천생 시오니스트였던 게르숌 숄렘은 미래가 독일에 있지 않고 그가 있는 바로 이곳, 예루살렘에 있다고 올바로 생각한다. 그와 동시에 그는 자신의 피난처에 도사리는 위협을 감지할 만반의 준비가 되어 있다. 그는 자신의 유토피아가 죽음으로부터 유대인들의 일신을 지켜주면서도 판도라의 상자, 말의 상자 역시 열 수 있다고 겸허히 주장한다.

만일 종교적이면서 종말론적인 조상의 언어를 세속화하는 데 성공했다는 우리의 믿음으로 인해 우리에게 피할 수 없는 결과, 폭력적인 메시아 사상이 다시 일어서는 결과가 나타난다면?

1995년 11월 그날 저녁에, 예루살렘을 떠나 텔아비브로 가는 길에서 히브리어로 양육된, 세속적이고 반종교적이면서 무기를 소지한 한 남자와 이 언어로만 이루어진 대화를 나누면서도, 내 귀에는 아직 시한폭탄의 초침 소리가 들리지 않았다. 몇 세대가 지난 후가 아니라 바로 그날 저녁에 폭탄이 터질 줄은 상상조차 하지 못했다. 약 두 시간 후에 굉연한 폭발음이 울릴 것이고, 우리는 '그 여파를 감당할 세대'가 될 것이었다.

카운트다운은 훨씬 일찍부터 시작되었다. 귀를 기울이는 것만으로도 충분히 감지할 수 있었고, 그것의 도래가 임박했음을 알리는 쏟아지는 포화 소리를 들을 수 있었다. 우리는 분명 귀먹은 체했던 것이다. 일 년 반 전, 푸림•이라는 유대교 축일에 증오에 휩싸인 한 사람이 스물아홉 명의 사람들에게 총기를 난사하여 잔인하게 살해했다. 피해자들은 헤브론의 선조들이 묻힌 지하 무덤••에서 기도 중이었다.

살인자는 영원한 안식을 취하는 아브라함과 이사악과 야곱을 깨워 자신이 총기를 난사한 현장을 그들에게 보여줄 생각이었던 것일까? 그는 에스델(에스더)과 모르드개를 이미 초대하지 않았던가? 유대력에 따르면 그날의 주인공인 그들은 『성서』에

• Pourim. 부림절, 기원전 5세기에 페르시아 통치자 하만에게 절멸당할 위기에 처한 유대 민족을 구한 유대인 왕비 에스델의 승리를 기념하는 절기. 「에스델서」는 에스델에 의해서 유대 민족이 큰 위기를 모면한 이야기를 서술한다.

•• 헤브론에 있는 막벨라 동굴은 이스라엘 민족의 시조인 아브라함 일가의 무덤으로 추정되는 곳이며 이슬람교와 유대교 모두의 성지이다.

서 자신의 민족에게 압제자들을 극렬하게 처단하도록 독려한 인물들이다.• 메시아의 구원을 이야기하는 문학 전체가 세상의 종말을 추진하기 위해 푸림 축제에 합류했다. 이미 기록된 것을 실행하는 일만 남아 있었다.

과격파 유대인이 기도 중인 무슬림 스물아홉 명에게 저지른 잔인한 살해 행위는 한 나라 전체의 공분을 샀다. 그리고 살인자의 행위를 영웅시하는 사람들은 소수의 광신자로 치부되었다. 아무 일도 하지 않고 아무도 읽지 않으려 하는 책들 속에 파묻혀 사는 근본주의 랍비 같은 사람들 말이다. 이 경전들이 일부 그것들을 맹신하는 율법학교에서 여전히 읽히고 해석된다고 해서 크게 문제될 것은 없고, 모든 게 사소하게 보였다.

우리는 대수롭지 않게 생각했지만 이 전례문들은 다시 울려 퍼졌다. 몇 주 동안 고서들이 다시 펼쳐졌고 아주 오래된 기도들이 소환되었다. 랍비들은 심지어 공공장소에서 기도문을 읊으며 목청을 올렸다.

이번에는 선조와 성서의 영웅들, 에스델과 모르드개, 그 외 모두의 이름으로 한 유대인을 저격하는 말들이 울렸다. 무슨 수를 써서라도 그를 막아야 한다고 했다. 여기저기에서, 심지어 텔레

• 「에스델서」 8:11 참조.

비전 카메라 앞에서 아람어로 쓰인 광신적인 기도들이, 이 과격파들에 따르면 사람을 죽일 수도 있는 말들이 낭송되었다. 전승에 따르면 그 말들은 그들이 겨냥한 대상의 죽음을 야기할 수 있었다.

'에계, 겨우 이게 다야?' 하고 사람들은 생각했고, 중얼거리는 말들을 듣고도 무시하며 어깨를 으쓱했다. 대체 언제부터 말이 사람을 죽일 수 있었다고? 일부 광신자들의 말이 강력하고 조직적인 한 나라의 민주적인 힘에 대적할 힘이라도 있고?

하지만 그 말들은 이스라엘 국가의 총리였던 이츠하크 라빈• 을, 그날 저녁에 우리가 만난 사람을 타깃으로 삼았다.

우리가 마침내 텔아비브에 진입했을 때 그곳에는 이미 많은 사람들이 있었다. 자동차를 타고 집회 장소에 접근하는 것은 불가능했다. 그래서 미리 계획했던 장소에서도 한참 떨어진 곳에 주차를 하고 우리는 인파에 휩쓸려 하얀 도시의 미궁 속으로 들어갔다. 히브리어를 되살린 벤 예후다 거리에 들어서자 처음 눈에 띈 것은 플래카드들이었다. 어느 저녁 그곳에서 살해당한 남

• Yitzhak Rabin(1922~1995). 이스라엘 정치가·총리·군인. 이스라엘과 팔레스타인 간 최초의 평화협정인 오슬로 협정을 체결한 공로를 인정받아 노벨평화상을 받았다. 하지만 팔레스타인의 자치 정부를 인정하는 협정 내용에 불만을 품고 그를 '반역자' 취급하며 증오를 표출한 사람들이 많았고, 결국 1995년 텔아비브에서 열린 평화집회에서 극우 민족주의자에게 피격되어 사망했다.

자[•]의 이름을 딴 아를로조로프 대로에 군중이 밀집해 있었다. 불멸의 시를 남긴 시인 아-칼리르[••] 골목에서는 사람들이 우리에게 스티커를 배부해주었다. 기억에 생생한 망자들의 길에서 집회 참석자들의 목소리가 들리기 시작했다.

"대중은 평화를 원한다." 그들은 외쳤고 우리도 이 구호를 따라 외쳤다. 하지만 우리는 알았다. "대중이 원하는 것은" "대중이 생각하는 것은" 혹은 "대중이 말하는 것은"으로 시작되는 구호는 언제나 일부 거짓을 포함하고 있다는 것을 말이다. 이는 최소한의 선의가 담긴 외침이 울려퍼지는 세계 어느 곳이라도 마찬가지이다. 만약 대중이 한목소리로 말하거나 한마음이 되기를 열망한다면, 그에 속하지 않은 일부 대중에게 목청껏 구호를 외치기 위해 이 자리에 있지도 않았을 테니까.

그날 저녁에 아직 '왕들의 광장'으로 불리던 중앙광장으로 우리는 비집고 들어갔다. 오래지 않아 이 '왕들'은 이곳에서 사라지고 광장은 우리가 기다리던 사람의 이름으로 바뀌게 된다. 당시로서는 상상도 하지 못할 일이었다.

어쩌면 유대 사상 전문가라면 우리에게 알려줄 수 있었을지

• Haim Arlosoroff(1899~1933). 노동운동가·사회주의 시온주의자. 팔레스타인에서 아랍인을 추방하고, 이민을 통해서 다수의 유대인 인구를 확보하여 유대인 국가의 기반을 확립하려 한 극우 유대인들의 '수정주의적 시온주의'에 희생당했다.

•• Eleazar ha-Kalir(570~640).

도 모른다. 『성서』에서 왕들은 결코 한곳에 오래 거하지 못하고 왕국들은 붕괴되기 마련이니까. 그들은 항상 폭력에 무너지고 혼돈에 굴복한다. 그들 중 한 사람이 언젠가 한 경전에서 이렇게 말하지 않았던가. "헛되고 헛되니 모든 것이 헛되도다."•

그리고 그 글에서 우리에게 경고했다. 아무것도 지속되지 않는다고, 꿈도, 제국도, 사랑도. 솔로몬 왕은 아무것도 영원하지 않다는 사실을 잘 알았지만, 어느 날 자신의 격언이 이스라엘 왕국을 기념하는 한 광장에 붙으리라고 상상이나 했을까? 그 광장 역시 무너진다.

우리는 왕들의 광장으로 나아가서 그곳에서 우리를 기다리던 사람들과 합류했다. 모두 우리와 비슷한 신념을 나누었던, 그의 군부대 사람들과 좌파 집회에 자주 참석했던 오랜 친구들이었다. 우리는 노래했고 이어 약간의 연설을 들었다.

마침내 라빈이 단상에 올랐고 거대한 군중이 숨죽인 채 그의 말에 귀 기울였다. 나는 그의 말을 기억한다. 그 말들이 내 뇌리에 깊이 새겨졌다고 믿어 의심치 않는다. 그도 그럴 것이 군용 벨트에 권총을 찔러넣고 평화를 이야기하던 젊은 군인 옆에서 그 말을 들었기 때문이다. 그리고 군인이 아니었고 결코 되지

• [원주] 「전도서」 참조. 랍비들에 따르면 솔로몬 왕이 썼다고 전해진다.

않을 나로서는 난데없이 고위 장교들의 브리핑에 참석한 기분이 들었다. 그것은 위험한 작전을 예고했다. 그는 말했다.

"나는 이십칠 년간 군대에 몸담았습니다. 평화의 가능성이 보이지 않을 때마다 맞서 싸웠습니다. 나는 오늘날 평화의 가능성이 보인다고, 그것도 아주 큰 가능성이라고 확신합니다."

그러고 나서 라빈의 노랫소리가 들렸다. 그의 마지막 노래였기 때문에 유명해진 이 노래, 그때 이후 천 번은 더 반복된 이 찬가는 망자들로 하여금 말하게 한다. 기이한 전조다.

"평화의 노래"는 떠난 자들이 아직 살아 있는 자들에게 말을 걸 수 있고, 그들에게 이렇게 말한다고 단언한다. 우리를 깨우려고 애쓰지 마라, 그 대신에 평화가 오게 하라, 그리고 살라.

라빈의 노래는 어설픔이 묻어나서 더없이 친근했다. "*미 아셰르 카바 네로*—빛이 꺼지고 먼지 속에 묻힌 그를 어떤 눈물로도 깨우지 못하리, 그를 돌아오게 하지 못하리…… *이시 오타누 로 야시브*—아무도 우리를 되살리지 못하리, 어두운 심연에서 돌아오게 하지 못하리, 여기서는 승리의 노래도, 기도의 찬양도 우리에게 아무 소용 없으리, 그저 평화가 오게 하라, 그리고 평화의 시작을 알리는 노래를 불러라."

라빈의 마지막 노래는 죽은 것은 죽은 것이고, 부활의 계획으로 허비할 시간이 없다고 주장한다. 노래는 말한다. 지금은 망자들을 부활시킬 시간이 아니라 살아 있는 자들을 깨울 시간이라고. 또 기도는 무용하고 민족주의적 오만은 헛되다고.

라빈은 알 수 없었을 것이다. 자신이 사망하기 몇 분 전에 부른 대중가요가 그를 살해한 자의 모든 교리와 그의 손에 무기를 쥐여준 폭발적인 민족주의적 메시아 사상을 조목조목 반박하고 있었다는 사실을.

똑딱똑딱, 시한폭탄의 초침 소리가 났다. 하지만 선율이 끝날 때까지도 라빈은 아직 살아 있었다. 우리는 서둘러 광장을 벗어났다. 거대한 군중과 그 군중이 해산하는 현장을 피해서.

모든 것이 평소와 같았고 도리어 평온해 보였다. 우리는 텔아비브에서 예루살렘 고속도로 방향으로 다시 길을 나섰다. 교통은 원활했다. 우리는 '키부츠 갈루요트' 나들목에, 히브리어로 '망명자들의 모임'이라는 이름의 고속도로 진입로에 접어들었다.

그 표지판이 왜 거기에 있었는지 모르지만 당시에 나는 나의 망명과, 내가 무척이나 사랑했던 이 나라에서 내게 영원토록 낯설게 남을 어떤 것들을 떠올렸던 것 같다. 나는 그날 저녁에 내 옆에 있던 남자를 생각했고, 우리의 경험을 결코 하나로 아우를 수 없게 만드는 모든 것을 생각했다. "대중은 평화를 원한다"면서 각자 다른 것을 원하는데, 그래서 저마다의 고독을 한 번이라도 제대로 해결해본 적이 있던가?

나는 더이상 이 남자를 사랑한다는 확신도 없었다. 우리가 삼 년 전부터 함께 일구었던 이 세상이 결국 우리 모두를 추방할 수도 있다고, 그러니 이제 '우리'라고 말하는 것을 멈추고 서로가 서로에게 낯선 사람으로 되돌아가는 시련을 감수해야 한다고 생각했다. 우리 삶에 무언가가 정착했고, 그 정착으로 인해 우리는 서로를 사랑할 수 있게 해주었던 그 낯섦을 잊었다.

우리는 달렸다. 조용히 평화롭게. 평화는 때때로 숨이 막힌다. 그게 도래할 폭풍우를 숨죽인 채 예고할 때는 더더욱.

지평선에 예루살렘의 언덕이 나타나고 오르막길이 시작되자 여느 때와 다름없이 귀가 약간 먹먹했다. 나는 귓구멍을 막았다 떼었다 했다. 그는 라디오를 켰고, 그 순간 폭발음이 지나가면서 모든 것을 휩쓸어갔다. 더이상 아무 소리도 들리지 않았다면 좋았으련만.

폭발음은 한 남자의 목소리, 총리의 대변인 에탄 아베르Eytan Haber의 목소리로 진동했다. 히브리어 네 단어가 아직 막혀 있던 내 귀로 파고들었다. 지금도 여전히 그 단어들의 끝없는 여진으로 귓전이 울린다.

"멤셸레트 이스라엘 모디아 베타데마……."

"이스라엘 정부는 참담한 소식을 전합니다……." 총리의 사망

속보였다. 라디오에서 비명소리가 그의 목소리를 덮었다. 우리의 비명소리는 차를 멈춰 세웠다. '모차*Motza*'라는 마을 근처 길가에. 바로 거기 모차가, 히브리어로 '출구'를 의미하는 그 장소가, 나에겐 라빈이 사망한 자리다. 텔아비브의 광장도 그가 이송된 병원도 아닌, 예루살렘 언덕의 어느 마을 근처에서 그는 사망한 것이었다. 내 꿈은 호흡을 멈추었고, 그와 더불어 나의 사랑도 끝이 났다. 나의 시온주의는 막다른 골목에 이르러 정체되었다.

모차에서, 나는 가방을 땅에 내려놓듯 꿈을 내려놓으면서 이토록 무거운 게 도대체 뭘까 골똘히 생각해봤다. 이 사랑에, 이 유토피아에, 그리고 내가 태어난 곳으로부터 이토록 멀리 나를 데려온 이 여행에 든 게 뭘까?

나는 거기에서 앞선 세대들이 나에게 물려준 것을 보았다. 나를 태어나게 해준 이들의 유산된 계획들, 내가 수선하기를 열망했던 갈기갈기 찢긴 자투리 희망, 뒤섞인 언어들과 내가 도망치려 했던 모든 것을. 사랑 이야기가 끝을 향해 달려갈 때, 우리가 서로의 어떤 균열을 메웠고 어떤 환상으로 우리의 사랑을 지탱해왔는지가 돌연 눈에 들어오는 것처럼, 나는 다른 현실에 눈을 떴다. 나는 라빈의 죽음으로 인해서 내 시온주의의 혼란과 사랑의 혼란이 동일하리라는 것을 알았다.

눈물, 목멘 울음, 뜬눈으로 지새운 밤들, 메스꺼움, 이스라엘 정부의 경악. 그 후의 일들은 더이상 정확히 기억나지 않는다.

라빈의 상례식 날만이 떠오른다. 전 세계가 한 남자를 묻으면서 그의 관 안으로 평화협상을 밀어넣으려고 발걸음한 것처럼 보였다. 예루살렘은 교통이 멈췄다. 국장 행렬이 도시를 가로지를 수 있도록 모든 길이 차단되었다. 전망 좋은 곳에 있던 내 아파트 창문으로 국가 수반들의 차량 행렬이 지나가는 게 보였고, 어떤 나라들이 차례차례 조의를 표하러 왔는지 헤아려봤다.

장례식은 내가 살던 헤르츨 대로의 끝, 시오니즘의 아버지•가 안식하는 동명의 묘지에서 거행됐다. 예루살렘에서 그의 역사와 계획을 기념하는 도로가 곧장 무덤들로 통한다는 생각이 들었다. 그 생각을 그가 과연 달갑게 여길는지……. 그의 무덤 옆에는, 이스라엘의 모든 총리와 대통령의 무덤들, 그곳에서 영원한 안식을 찾았지만 자신들이 믿지 않은 메시아가 자신들을 깨우러 오기를 으레 기다리는 모든 사람의 무덤들이 있다. 그들은 그들의 꿈으로 실현된 현실을 바라보며, 시오니즘의 아버지에게 뭐라고 말할까?

• 테오도어 헤르츨Theodor Herzl(1860~1904). 헝가리 출신의 오스트리아 유대인 작가·기자. 1894년 프랑스에서 독일 간첩으로 내몰린 유대인 육군 대위, 알프레드 드레퓌스 사건을 통해 유럽 대륙에 만연한 반유대주의를 목격하면서 시온주의를 주창하기 시작했다. 유대인의 민족 국가를 팔레스타인에 건설한다는 목표를 세우고, 1897년 '시오니스트 기구'의 결성에 앞장섰다.

암살 사건 이후 이십오 년이 지났다. 그날 밤이 지나고 얼마 후에 나는 그 남자를 떠났고, 곧이어 그 나라를 떠났다. 그리고 나는 실연의 아픔을 안고 사는 법을 배웠다.

하지만 한순간도 내가 시온주의자이지 않은 적은 없었다. 그 날 밤 이후로 나에게 그 단어가 약간은 사어死語가 되었음을 온전히 인정하면서도 말이다. 그것은 정확히 말해서 미국인들이 '로스트 인 트랜슬레이션lost in translation'이라고 부르는, 일의적인 번역을 일절 허용하지 않는 표현이 되었다. 더 명확히 번역하려고 애쓸수록, 그것은 사라져서 어느새 다른 곳에서 다른 형상으로 되살아난다.

1995년 11월 어느 저녁, 나는 내 시온주의와 이츠하크 라빈을 살해한 자의 시온주의가 손톱만큼도 관계가 없고 더이상 같은 이름일 수 없다는 사실을 깨달았지만, 딱히 대안은 없었다.

라빈은 소유주의 시오니즘, 땅에서 약속된 구원의 표지를 보는 메시아 사상이 깃든 민족주의에 의해 암살당했다. 살인자는 영원히 우리에게 속한 땅을 다른 사람들에게 주려 하는 사람을 어떻게든 막아야 했던 것이다. 영토 중 어느 한 곳도 잃을 수 없었던 것이다. 평화를 짓밟는 한이 있어도. 그곳은 하느님이 텍스트를 매개로 우리에게 부여한 영토이니까. 그곳을 반환한다는 것은 그분의 뜻에 반하는 것일 테니까.

가장 역설적인 것은 그 영토를 지키기 위해서, 사령부 수반으로 단 육 일만에 그 영토를 우리 수중에 넣은 주역을 살해해야 했다는 것이다. 1967년 육일전쟁과 그 전쟁이 불러일으킨 메시아 사상의 바람이 소유주 세대를 길러냈고, 그 세대는 1995년에 이르러 자기 스스로 유산을 관리할 능력이 있다고 생각했을 것이다.

나의 시오니즘이 아닌 이 시오니즘은 그곳에서 버티기 위해 조상 전래의 약속, 양도할 수 없는 소유권, 『성서』에 나오는 토지대장의 힘을 내세운다. "내가 너희 조상, 아브라함과 이사악과 야곱에게 이 땅을 약속했다"는 말을 반복하면서 그들은 그곳에서 조금 더 집 같은 편안함을 느낀다.

이스라엘에 대한 나의 애정은 이런 소유와는 동떨어져 있다. 그렇지만 그것 역시 『성서』의 약속과 예언된 이상理想을 먹고 자란 것처럼 보인다. 그것은 텍스트 속 다른 경고들, 특히 하느님이 히브리인들에게 말씀하신 모든 경고들을 흠뻑 머금는다. 소유의 이교신 '바알'을 숭배하지 마라. 주님이 말씀하신 바 "이 땅이 다 나의 것"이라는 사실을 기억해라. 동시에 네가 아브라함과 같이 그곳에서 정의와 공정을 확립할 책임이 있는 "이주민"일 뿐이라는 사실을 기억해라. 그리고 너희가 그곳에 있을 적법성은 이 소유하지 않음의 토대 위에 온전히 자리한다.

나의 시오니즘은 영원히 망명, 비소속 그리고 어떤 의식意識으로 형성된다. 그 의식이란 이 땅의 역사가 정확히 이 언어가 그렇듯이 다른 것들과의 만남, 이 땅에 역사의 토대를 제공하고 이 땅에서 끊임없이 마주치고 말하여질 낯선 것들과의 만남에서 유래하는 모든 것이라는 인식을 말한다.

한 민족이 구성되어 이 땅에 정착할 절대적인 적법성은, 수세기 동안 디아스포라로서 증명했던 유대인의 조건, 그 기억으로부터 나온다.

『성서』는 약속의 땅에 정착할 히브리인들에게 반복한다. "네가 이집트에서 노예였다는 사실을 기억해라" "너의 아버지가 방랑하던 아람인이었다는 사실을 기억해라" "우상숭배하던 너 자신의 과거를 기억해라" …… 그러면서 그들에게 말한다. 네가 너의 기원, 여기가 아닌 다른 곳으로부터 신세진 모든 것을 잊지 마라. 이 땅이 네가 태어난 땅이라고 여기지 마라. 이곳이 어원적인 의미에서 조국이 아닌 이유는 너의 조상이 태어난 땅이 아니라 네가 유래한 곳을 잊지 않게 해주고, 망명의 기억 속에서 너에게 다른 것을 사랑하는 법을 깨우쳐줄 장소이기 때문이다. 결코 완전히 이해하지도, 소유하지도 못할 다른 것을.

정착민의 확신에 찬 시온주의가 있다. 유목민의 기도처럼 이 장소에 낯섦이 머무를 권리를 주장하는 다른 시온주의도 있다.

첫 번째 시온주의는 다른 민족주의만큼만 '사악'하다. 그것을 강박적으로 증오하는 사람들이 있기는 하지만. 두 번째 시온주의는 아마도 라빈과 같이 죽을 것이다. 처음부터 존재할 가능성이 없었던 것인지도 모르지만. 그러나 나는 이 시오니즘과 그가 품은 꿈을 떠올릴 때면, 그 어느 때보다도 더 조상의 유대사상을, 바로 죽은 자의 부활에 관한 사상을 믿고 싶다. 나는 사람들이, 그들의 사랑이나 사상이 되살아날 가능성이 존재한다고 희망하고 싶다. 나는 꼭, 내가 살아 있을 때, 그것을 목격하고 싶다.

라빈이 사망한 지 이십오 년이 흘렀고 나는 당시로서 전혀 상상하지 못했던 '라빈'(여자 랍비)이 되었다. 프랑스어로만 들리는 이 말장난이 나를 미소짓게 한다. 마치 삶이 그 예측할 수 없는 전개 속에 남겨둔 놀라움을 발견했을 때처럼.

이십오 년이 흐른 뒤에 나는 나의 아이들이 프랑스에서 성장하는 모습을 지켜본다. 그리고 내 아들이 내가 습득했던 언어로, 많은 외국어들에서 빌려오고 그 안에 역사의 침전물을 간직한 언어로 내게 하는 말을 듣는다. 아이는 나에게 이스라엘에 대해 말하고, 언젠가 그곳에 살러 가겠다고 이야기한다. 나는 아이의 말을 가만히 듣는다. 그리고 끝난 사랑의 흔적을 아이가 찾아냈고, 거의 죽었다 생각했던 꿈이 아이 안에서 살아남았다는 생각에 미소 짓는다. 거의 사라졌다 믿었던 것이 다른 곳에서 다시 살아나듯이. 찬양받으소서 주님, 죽은 사람들을 살리는 분이시여.

에드가르

제가 삼촌을 지키는 사람입니까?

"사람들이 결국 구덩이를 팠고, 카인이 말했다. '이제 됐다!'
그러고는 홀로 그 어두운 궁륭 아래로 내려갔다.
그가 어둠 속에서 자신의 의자에 앉고
그의 이마 위로 지하가 닫힐 때,
눈이 무덤 속에 있었고 카인을 쳐다보았다."•

많은 프랑스 학생들처럼 나는 빅토르 위고의 이 시구를 달달 외웠다. 시를 이해할 만한 나이는 아니었지만 본능적으로 머리카락이 쭈뼛 섰다. 묘지를 방문할 때면 이 시가 여전히 내 귓가에 맴돈다. 나는 나 이전에 이 시를 읊고 이제는 그곳에 안식하

• [원주] 빅토르 위고의 시 「양심La Conscience」에서.

고 있는 이들을 떠올린다. 그리고 그들이 어둠 속으로 내려가서 카인처럼 '눈'을 맞닥뜨리기 전에 이 땅에 세우고 남긴 것들을 상상한다. 이를테면 도시와 벽, 고층건물과 지하터널, 아이와 희망 같은 것들.

양심이라는 것을 이토록 강렬한 방식으로 묘사한 시구는 드물다. 특히 어떤 상황에서건, 어디를 가건, 심지어 그곳이 무덤일지라도 인간에게 감시당하는 느낌을 불러일으키는 저 양심의 가책을 말이다. 눈은 어디를 가나 인간을 쫓고, 그래서 어떤 은신처도 그에게 휴식을 주지 못한다.

학교에서는 여전히 이 시구를 가르치지만, 시구를 암송하면서도 정작 시에 영감을 준 『성서』 속 이야기의 내용을 상세히 아는 학생들은 드물다. 위고의 시에서와 달리 「창세기」의 초반에서 살인자를 뒤쫓는 것은 눈이 아니라, 무덤에서 그를 고발하는 입이다.

『성서』는 형제 살해의 이야기로 시작된다. 세상의 첫 아이들, 아담과 이브의 아들들의 탄생과 그들의 이야기가 서술된다.

장남을 낳은 이브가 말한다. "내가 주님의 도우심으로 남자아이를 얻었다."• 그래서 그녀는 자신의 아이에게 '획득' 또는 '소

• [원주] 「창세기」 4:1.

유'를 뜻하는 '카인Caïn'이란 이름을 붙인다. 세상의 첫 아이는 태어난 이래로 어머니, 하느님, 그를 한정하는 이름의 소유가 되었다. 머지않아 그는 소유자의 본능을 길러 땅을 부치는 농경민이 된다. 그는 작물을 심고, 뿌리내리게 하고, 땅에서 수확하는 자다. 카인은 훗날 다수의 자손을 낳고, 그들 역시 많은 장소에 뿌리내린다. 「창세기」에서 카인의 아들들은 건설자, 도시인의 혈통으로 묘사된다. 재능이 다양한 그들은 수공업과 야금업의 달인으로 단단한 재료들, 부식되지 않고 지속되는 온갖 것들을 다룬다. 카인의 자손들은 도시를 세우고 그곳에 정착해서 재산을 획득하고 대물림한다. 카인의 세상은 지속되기 위해서 만들어지지만, 그의 곁에 태어난 형제의 세상은 이와 전혀 딴판이다.

장남이 태어난 지 얼마 되지 않아서 이브는 아이 한 명을 더 출산하는데, 이 아이는 그리 중요하게 여기지 않은 듯 보인다. 그녀는 아이의 이름을 '아벨Abel'(히브리어 '*하벨Havel*')이라고 짓는다. 이름은 문자 그대로 '사라지는 숨', 즉 '입김'이란 뜻이다. '일시적'이라는 이름의 차남은 존재하는 순간부터 그저 지나갈 뿐이라고 말하는 것처럼 보인다. 더욱이 그는 소수의 양떼를 치는 목자, 다시 말해서 유목인이 된다. 아벨은 어디에도 정착하지 않고 어떤 소유물도 안중에 두지 않는다. 그저 정처 없이, 어디에도 정박하지 않고 떠돌아다니면서 가축 몇 마리를 방목하던 그는 제 형제에게 살해되어 역사에 등장했던 시간만큼이나 순식간에 사라진다.

『성서』는 살해의 정황을 명확히 묘사한다. 두 형제가 주님에게 제물을 바치는데, 주님은 아벨에게 관심을 보이는 반면 카인을 외면하신다. 누구인들 이것을 감당할 수 있을까? 어째서 형제 중 한 사람은 특권을 갖고 다른 한 사람은 그것을 박탈당하게 된 걸까? 시기와 원망이 카인을 범죄로 내몬다. 더구나 히브리어로 질투는 '*키나Kina*'라고도 일컫는데, 그것은 카인이라는 이름의 굴절(Kain)이다. 그러니까 오직 획득하기 위해서 사는 자만이 다른 사람을 질투하고 급기야 살인까지 저지를 수 있는 것이다.

아벨은 죽어서 흔적도 남기지 않고 사라졌다. 그는 자신의 이름대로 증발한 것처럼 보이지만 실제로는 다른 곳에서 영원히 존재한다. 텍스트 깊숙이에서 그의 목소리가 독자를 부른다.

"너의 아우 아벨은 어디에 있느냐?" 하느님께서 살해가 일어난 직후 살인자에게 물으셨다.

"모릅니다. 제가 아우를 지키는 사람입니까?" 카인은 자신의 양심의 입을 틀어막고 모른다고 발뺌하며 태연자약하게 반문했다.

"네가 무슨 일을 저질렀느냐?" 주님은 이어 말씀하셨다. "네 아우의 피들의 목소리가 땅 속 깊숙이에서 나에게 울부짖는다."• 아벨은 사라지면서 『성서』 구절에 절규의 흔적을 남긴다. 그는 무덤에서 울부짖고 하느님께 그 소리가 닿는다. 『성서』 주해자들은 텍스트의 한 세부 요소에 귀 기울여 이 외침을 파헤친다. 왜 땅 속 깊숙이에서 울부짖는 목소리가 복수형인 아벨의 '피들'의 목소리인 걸까? 아벨이 '아벨들'이었다는 말인가?

랍비 전승은 여기서 세대를 가로지르는 해석을 내놓는다. 현자들은 무덤에서 하느님을 향해 울부짖는 것이 아벨에게서 태어날 수 있었을 모든 세대들이라고 말한다. 살인자는 단순히 한 사람을 살해한 것이 아니다. 그에게서 태어났을 모든 사람들, 그 이후에 탄생할 수 있었을 모든 사람들의 목숨을 해친 것이다. 아벨과 더불어 복수의 아벨들이, 즉 존재할 수 있었을 모든 후손들이 절멸한다. 빅토르 위고의 시에서 이 울부짖는 목소리들은 무덤 속의 눈으로 형상화된다. 『성서』에서는 이 목소리들이 땅에서 새어나와 카인을 뒤쫓는다. 목소리들은 죽음조차 침묵시키지 못할 카인의 양심의 외침인 것이다. 목소리들은 카인의 생 저편에서 그의 모든 후손들에게, 즉 우리 모두에게 지나간 존재들의 입김을, 그러니까 존재할 수 있었지만 존재하지 못했기 때문에 우리 안에 흔적을 남긴 모든 이들을 대면하라고 요구한다.

• [원주] 「창세기」 4:9-10.

결국 「창세기」에서 카인과 아벨의 대립은 단순히 두 형제의 대립이 아니다. 그들의 대립은 언제나, 모든 세대에 지속되는 것과 지나가는 것, 사람들이 영속적이기를 원하는 것과 일시적인 것을 아는 것, '있는 자'와 '있었을 자'를 맞서게 한다.

묘지를 방문할 때마다 우리는 이 이야기의 기원으로 이끌려간다. 그 이야기는 눈을 크게 뜨고 귀를 바짝 기울이는 자에게 이런 질문들을 던진다. 떠난 사람들이 우리의 삶에 남긴 흔적은 무엇일까? 그들이 이룩한 것이나 반대로 그들이 실현할 수 없었던 것 가운데 어떤 흔적이 우리에게 남았을까? 우리가 지나갈 뿐인 이 땅에 우리 또한 무엇을 남기게 될까?

꼭 살인자가 되어야만 카인의 불안을, 즉 얻은 것처럼 보이는 것을 포기하는 두려움과 자신이 사라진다는 것을 아는 공포를 느낄 수 있는 것은 아니다.

나는 아주 어렸을 때 나를 주시하는 눈을 보았다. 눈은 내가 어디를 가나 나를 똑바로 쳐다봤다. 애써 피해보려 해봐야 소용없었다. 눈은 항상 그 자리에 있었다. 나의 조부모님 댁 부엌 벽에 걸린 화폭에. 어린 소녀에게 대문짝만 했던 그 커다란 그림 속에서, 한 남자가 꼿꼿한 자세로 서 있었다. 그의 이름은 에드가르였고 모두가 그를 '에드가르 삼촌'이라고 불렀다.

그가 사망하고 얼마 되지 않아서 내가 태어났다는 것 외에 그에 대해서는 거의 아는 게 없었다. 그는 의사였다. 그래서 초상화 속에서 새하얀 의사 가운을 입은 채 한 손에 구식 청진기를 들고 있다. 어릴 적 나는 그의 이름이 들릴 때마다 호기심에 귀를 쫑긋 세웠다. 어른들이 그에 대해 이야기할 때면 비슷한 레퍼토리로 그의 기행奇行, 약간 반항적인 성격을 꺼내곤 했고, 그들의 몇 마디 말로 그분이 소문난 바람둥이였다는 사실을 눈치껏 알 수 있었다. 그가 화가나 이 작품의 후원자를 유혹했던 걸까? 아니면 '에드가르 삼촌'이 이 작품을 직접 의뢰한 걸까? 이렇게 실제보다 더 크게 초상이 그려지길 바랐던 만큼 본인의 모습을 좋아했던 것일까? 알 수 없는 일이다.

이 초상화를 관찰하던 어린 소녀를 특히 심란하게 만든 것은 바로 예술가가 선택한 기법이었다. '에드가르 삼촌'은 그 유명한 모나리자처럼 그려진 탓에 식당 안이면 어디든 눈으로 쫓았다. 갖은 시도를 다 해봤지만 부엌의 어느 후미진 구석에서도 그의 강력한 눈길을 피하지 못했다. 그래서 한때는 할머니, 할아버지네 부엌에는 절대 혼자 들어가지 않겠다고 다짐한 적도 있다. 나는 카인처럼 눈을 피하기 위해서 피난처를 찾아헤맸다. 하지만 식사 시간이면 어김없이 그에게 들키고 말았다.

그는 몇 년 뒤에, 심지어 그 벽을 벗어나 다른 곳에서까지 나를 뒤쫓았다. 할머니, 할아버지께서 돌아가시고 아버지가 그의 초상화를 우리 집 현관에 걸어두기로 결정하면서, 결국 그를 피할 수 없게 되었다. 독립할 때까지 나는 매일 '에드가르 삼촌'을 보았고 매일 나를 보는 그를 보았다. 나는 무서워하지 않고 그를 똑바로 마주보는 법을 배웠고, 마침내 그의 생김새를 하나하나 뜯어보게 되었다. 그림 속 그의 모습은 사십 대로 보였다. 어림잡아 지금의 내 나이였다. 그의 낯빛은 섬뜩하리만치 창백했는데 사색死色이나 다름없었다.

최근에 읽은 글에 따르면, 19세기에는 사랑하는 사람이 죽으면 그들의 얼굴을 사진으로 찍거나 그림으로 그리는 경우가 흔하디흔했다. 죽어가는 이가 숨을 거두면 곧장 사진사를 불러서 고인의 초상 사진을 찍었고, 그렇게 죽어서 표정이 경직된 그의 사진을 간직했던 것이다. 심지어 송장을 연출하는 사진사도 있었다. 송장을 안락의자에 앉히고 수납장에 등을 기대놓고 가족의 품에 안기거나 책을 읽히기까지 했다고. 오늘날 이런 식의 장례 연출은 부적절해 보인다. 우리는 이제 죽은 자들의 얼굴을 아예, 아니면 거의 쳐다보지 않으니까.

유대 전통은 그것을 철저히 금지한다. 전통에 따르면 고인의 얼굴은 보이지 않게 덮어두어야 하는데, 우리를 마주보지 못할 이들을 들여다봐서는 절대 안 되기 때문이다. 다른 종교 전통들의 경우에는 고인의 얼굴을 보고 그의 마지막 길을 배웅하도록 장려한다. 하지만 사람들이 영원히 남기려 하는 것은 대체로 이런 이미지가 아니다. 사람들이 선호하는 것은 오히려 죽은 자들이 살아 있을 당시에 찍은 사진이다.

나는 묘지에서 비석에 박힌 작은 타원형의 초상 사진을 발견할 때마다 수시로 그런 생각을 한다. 그러면서 왜 다른 사진보다 이런 사진을 고른 걸까 수시로 궁금해한다.

남자든 여자든 나이가 들어서 사망하면, 누가 서른 살 적 사진보다 아흔 살 적 사진을 대리석에 박으려고 할까? 왜 고작 한순간을 포착했을 뿐인 사진 한 장으로 고인의 삶을 영원히 동결시켜 그 존재를 이야기하려고 할까?

고인을 꼭 그의 혈기 왕성한 젊은 시절의 얼굴이나 볼살이 통통하게 오른 아깃적 사진, 아니면 청소년 시절 사진으로 이야기해야 하는 걸까? 우리는 우리의 뒤에 살아남을 사람들에게 영원히 몇 살로 흔적을 남기고 싶은 걸까?

안색이 파리한 '에드가르 삼촌'의 초상화에서 그는 분명 살아 있고, 게다가 한창나이다. 그는 수십 년 뒤에나 사망할 것이고, 언젠가 알자스에, 그의 가족, 그러니까 내 가족의 고향 땅에 있는 어느 작은 유대인 묘지에 안치될 것이다.

그가 이 세상에 더이상 없을 때 태어난 나는 어릴 적부터 이 그림이 우리 삶의 시간 사이에 다리를 놓고 증발된 역사의 한 조각을 이야기한다는 것을 알았던 것 같다. 나를 응시하던 건 그 증발된 역사였다.

프랑스와 독일의 국경에 있는 알자스로렌 지방 유대인들의 역사는 흔적을 되짚어보기가 그리 만만치 않다. 이 땅의 유동적인 경계가 복잡한 정체성을 이야기한다. 격랑으로 요동치던 경계 때문에 이 땅에 살았던 사람들은 한곳에 정착했을 때조차 떠돌아야 했고, 장소를 떠난 적 없는 사람들조차도 스스로 이방인으로 느낄 수밖에 없었다. 알자스로렌의 문화는 두 세계 사이의 문화이고, 이 지역 유대인들의 문화는 훨씬 더 틈새에 있다. 그곳은 두 땅 사이의 노른자위다. "유대인보다 어감이 좋다"는 이유로 오랫동안 "이스라엘인"으로 불리던 사람들은 언젠가 그들이 정착한 농촌에서, 도시들 사이와 언어들 사이에서 피난처를 찾았을 것이다. 그들은 프랑스와 프랑스어에 대한 그들의 열렬한 사랑에 독일어, 알자스어, 이디시어, 히브리어를 배합했을 것이다. 그들은 여러 문화들 사이에서, 경계란 정체성과 마찬가지로 사람들이 말하는 것보다 더 유동적이라는 사실을 인식하며 성장했을 것이다. 이제 거의 완전히 사라진 세계를, 바로 프랑스 동부 유대인의 농촌다움을 지닌 세계를 그곳에서 일구었을 것이다.

범세계적 유목인의 이미지는 유대인의 역사를 가로질러 그들의 몸에 배어 있다. 사람들은 언제나 길 위에서, 도시에서 도시로 떠돌아다니며 추방될 날을 초조하게 기다리는 유대인의 이미지를 상상한다. 그러면서 농촌에 뿌리를 내리고 살았던 다른 유대인 공동체들이 존재했다는 사실을 망각한다.

알자스로렌 지방의 유대인들은 땅 한 뙈기도 소유하지 못했다. 유대인들이 지주가 되는 것은 금지됐기 때문이다. 하지만 정착한 마을에서 몇 가지 전통적 직업에 종사할 수 있었던 그들은 가축 장수, 교육자, 상인, 아주 드물게 의사가 되었다.

그들은 지역 농민들과 대체로 정답게 살았고, 비교적 성공적이라 할 이 동거는 수많은 흔적을 남겼다. 시너고그, 학교, 묘지들이 그 증거다. 그 속에는 농촌에 뿌리내린 풍요로운 유대인의 삶, 이스라엘인들의 농촌다움이 있었다.

이 이례적인 정체성 덕분에 알자스로렌의 땅에서 카인과 아벨들이 수세기 동안 꽤 평화롭게 대화를 나누었다. 아벨처럼 지주가 아니었던 이 사람들은 적은 수의 가축을 돌보면서, 작물을 심고 기르던 사람들과 손을 맞잡고 일했을 것이다. 그들은 자신들을 죽이려 하지 않는 카인과 동맹을 맺었다. 당시에 그들은 단단하게 뿌리내렸다고 믿었다. 그러던 어느 날 카인의 아들들이 다시 형제들을 추격했고, 형제들은 『성서』의 아벨처럼 흔적도 남기지 못하고 떠나야 했다. 그들은 그토록 사랑하던 이 땅에서 증발했다. 전쟁과 집단이주•와 강제수용 이후에 그곳에 다시 정착하려 한 생존자들은 거의 없었다. 그들의 후손들 역시 그곳으로 다시는 돌아가지 않았다.

나는 분명 그곳에 돌아가지 않았을 것이다. 내가 이 책을 쓰는 동안 발생한 어떤 사건이 나를 그곳으로 이끌지 않았다면. 내 선조들의 '피들'의 목소리가 불쑥 땅에서 솟아올랐다.

2019년 12월 3일, 프랑스 북동부 베스트호펜Westhoffen의 유대인 공동묘지가 훼손됐다. 백여 기의 무덤이 나치 문양 낙서로 덮였고, 비석들이 쓰러졌다. 범인들은 체포되지 않았다. 하지만 그 지역의 다른 유대인 묘지에서도 동일한 사람들 혹은 그들의 형제들에 의해 이미 같은 악행이 저질러진 바 있다.

나는 그날 이 작은 묘지가 정확히 내 가족의 묘지라는 사실과, 이 마을에서 여러 세대에 걸쳐 나의 아버지 쪽 식구들이 살았고 묻혔다는 사실을 알았다. 내가 한 번도 가본 적 없는 이 묘지에 '에드가르 삼촌'이 안식하고 있었다.

내가 몇 년간 눈길을 피해서 숨어 다녔던 그가 내 이야기에 홀연히 다시 나타났다. 나는 당장에 그의 무덤을 보러 가야 한다는 것을 직감했다. 그의 비석이 다시 멀쩡히 세워져서, 그가 무

• 1940년 5월에서 6월 사이에 독일군의 침공 당시에 발생한 대규모 이주를 가리킨다. 약 8백만 명에서 1천만 명에 이르는 수많은 사람들이 프랑스 남부로 피난을 떠났다.

덤에서 눈을 감고 평화롭게 안식하고 있는지 두 눈으로 확인해야만 했다.

베스트호펜으로 가는 길에 한 유대인 여성이 떠올랐고 그녀의 이름이 끊임없이 귓가에 맴돌았다. 루스 하리미Ruth Halimi.• 나는 이 위엄 있고 대단히 용감한 어머니의 얼굴과 무엇보다 그녀의 발언을 기억했다. 2006년 그녀의 아들 일안Ilan이 '야만인 갱단'이 저지른 극악무도한 반유대주의 범죄로 잔혹하게 살해되었다. 그의 시신이 파리 근교에 매장되었을 때 그녀는 파묘하여 아들의 유해를 이장하기로 결정했고, 현재 그는 예루살렘에 안식하고 있다. 이 결정을 이해하지 못하는 사람들의 질문에 하리미는 이렇게 대답했다. 아들의 묘소가 훼손된다면 자신은 감당할 수 없을 것이라고. 이 어머니는 아들이 죽은 후에도 여전히 해코지당하지 않을까 우려했고, 이스라엘에서 아들의 안식이 더이상 방해받지 않기를 바랐던 것이다.

잇따른 이야기를 보면 그녀가 옳았다. 일안 하리미의 추모비는 주기적으로 훼손되었고, 그를 기억하기 위해 심은 나무들은

• 2006년 프랑스에서 유대인 청년 일안 하리미가 잔인하게 살해당했다. 그는 유대인이라는 이유로 '야만인 갱단'이라는 범죄조직에 납치되어 고문당한 뒤에 목숨을 잃었다. 일안의 어머니 루스 하리미는 2009년 『24일: 일안 하리미의 죽음에 관한 진실 *24 Jours. La vérité sur la mort d'Ilan Halimi*』(파리: 쇠유 출판사, 2009)이라는 책을 출간하여 사건 당시 겪었던 납치범들의 잔혹한 행동과 경찰들의 늑장 대응을 폭로했다.

현재까지도 자주 뿌리째 뽑히곤 한다. 반유대주의적 증오는 유대인들이 살아 있을 때나 죽었을 때나 그들을 향한 원망을 거둘 줄 모른다. 심지어 시신이 사라져도 증오의 불길은 절대 꺼지지 않는다는 듯이. 반유대주의자에게도 땅에서 울부짖는 우리 형제들의 '피들'의 목소리가 들릴까? 반유대주의자는 죽은 자들을 추격하며 그들의 입을 틀어막을 수 있다고 생각하는 걸까?

나는 베스트호펜의 거리를 오랫동안 거닐었다. 고백하자면 어딘가 친숙하게 느껴졌다. 그게 뭐라고 딱히 설명하기는 어렵다. 돌 색깔이나 포도 재배지 냄새였으려나. 그러다가 한 골목길 끝에서 커다란 시너고그를 발견했다. 텅 비어 있었고, 벤치며 예배 도구며 신자도 물론 없었다. 하지만 이 부재의 중심에서 느껴지던 것은 공백空白이라기보다 영속하는 흔적이었다.

마을 중심가 골목길에서, 거의 모든 문에 이 흔적이 새겨져 있는 것을 발견했다. 문 상인방의 돌이나 문설주에 대각선 방향으로 홈이 파여 있었던 것이다. 물론 나는 집의 문간에 난 이 홈이 무엇을 말하는지 정확히 알았다. '메주자'•가 언젠가 그곳에 달려 있었던 것이다. '메주자'는 양피지 두루마리를 넣어두는 자그

• Mezouza. 히브리어로 '문설주'라는 뜻. 토라의 구절을 적어놓은 작은 양피지 조각 또는 그것을 담은 상자를 말한다. 유대인들은 문을 드나들 때마다 '메주자'를 만지면서 율법을 되새긴다.

마한 함으로, 유대인들이 그들의 거주지 입구에 항상 설치해놓는 것이다. 벽에 난 이 구멍은 예전에 이곳에 살았던 사람들이 더는 이곳에 살지 않는다는 뜻이었다. 그들의 문에 붙어 있었넌 '메주자'처럼 그들은 한때 그곳에 단단하게 자리 잡았었고, 어느 날 사라졌다. 여기에는 더이상 아무것도 남아 있지 않았다. 단지 집집마다 새겨져 있는 공백이, 사라진 자가 어떻게 지워지지 않는 표시를 남기는지 보여주는 저 사라짐의 흔적만이 덩그러니 남았을 뿐이다.

유대 전통에 따르면 한곳에 살기 위해서는 그곳에 반드시 '메주자'를, 우리 삶에서 문과 통로의 중요성을 상기시키는 그 작은 상자를 달아야 한다. 또한 원칙적으로는 집이 다른 기준에도 부합하는지 확인해야 한다. 그 기준이란 예루살렘의 성전이 무너진 이후에 모든 거주지는 건설 단계에서 일부를 미완성으로 남겨야 한다는 것이다. 유대 전통은 항상 벽에 작은 틈 하나를 남기고, 칸막이의 한 면을 칠하지 않거나 바닥 한구석에 작은 타일 하나를 비우도록 한다. 우리 삶에 불완전함의 흔적을 남겨서, 결함이 자리하는 장소에 사는 법을 배우는 것이다. 더이상 존재하지 않는 자가 남긴 흔적을 알아보고, 그가 우리에게 하는 말을 듣는 것이다. 여기에 이제 없는 자들을 기억하라.

나는 중심가 맨 끝에 위치한 '이스라엘인' 묘지 문을 밀었다.

정문의 돌쩌귀가 녹슬었는지 문을 있는 힘껏 밀어야 했다. 마치 죽은 자들이 스스로를 온전히 지키기 위해서 살아 있는 자들의 접근을 막아서는 것 같았다. 묘지에서 내 조상들의 무덤을 찾기 시작했다. 그리고 그들을 찾는 과정에서 그들이 좋은 동무들과 함께 그곳에 안식하고 있다는 사실을 발견했다.

알자스의 이 조그마한 마을에 이름만 들어도 알 만한 가문의 조상들이 묻혀 있었다. 로베르 드브레•의 선조들뿐 아니라 카를 마르크스와 레옹 블룸••의 선조들이 있었다. 또한 최고 랍비 구겐하임•••이나 수학자 로랑 슈바르츠••••나 언론인 안 생클레르•••••의 조상들이 그곳에 안식하고 있었다.

베스트호펜의 이 작디작은 이스라엘인 묘지는 작고한 프랑스 유대계 명문들의 '후즈후Who's Who'(인명록)처럼 보인다. 이 조그마한 마을이, 훗날 이곳을 떠나 다른 곳에 뿌리내리고 자라면서 세상의 땅 혹은 정신을 기름지게 하고 공화국, 과학, 의학, 공산주의나 종교 사상에 크게 일조할 나무의 종자들을 받아들여, 이들에게 양분을 제공한 것 같다. 자신들의 방식으로 '자신들의 형

• Robert Debré(1882~1978). 프랑스 소아과 의사.

•• Léon Blum(1872~1950). 프랑스 정치인·비평가.

••• Ernest Gugenheim(1916~1977). 프랑스 랍비.

•••• Laurent Schwartz(1915~2002). 프랑스 수학자.

••••• Anne Sinclair(1948~). 프랑스 전 언론인. 본명은 안엘리즈 슈바르츠.

제를 지키는 사람'이 되고자 다른 곳으로, 때때로 아주 먼 곳으로 떠난 사람들의 뿌리가 몇 제곱킬로미터의 이 대지에 심어져 있다. 그들이 각자의 여정에, 베스트호펜의 땅에서 실제로 가져간 것은 무엇일까? 그들이 그들의 이야기에서 베스트호펜에 남긴 것은 무엇일까?

내가 이 묘지에서 느낀 감정을 표현할라치면 떠오르는 단어가 있다. 바로 '솔라스탤지어'•라는 단어다. 2000년대 초에 호주의 한 철학자가 만든 이 개념은 특정한 유형의 노스탤지어를 묘사한다. 그것은 지금 존재하는 곳이지만, 더이상 예전처럼 존재하지 않는다는 사실을 아는 그 장소에 대해 우리가 느끼는 노스탤지어를 말한다. 예전에 존재했던 곳이 이제는 존재하지 않지만, 사라진 세상의 흔적은 그곳의 추억을 보존한다. 그곳이 무사한 것처럼, 견고하게.

나는 마침내 '에드가르 삼촌'의 무덤을 찾았다. 그의 비석은 그의 부모님, 즉 나의 할아버지의 할아버지(고조부)의 비석 바

• '솔라스탤지어solastalgia'는 호주의 환경 철학자 글렌 알브레히트가 만든 신조어로, 돌이킬 수 없는 환경의 변화로 인한 스트레스와 혼란을 의미한다. 집에서 멀리 떨어진 개인에게 우울감이나 향수를 야기하는 '노스탤지어'와 달리, '솔라스탤지어'는 주변 환경이 그들에게 직접 영향을 끼쳐 괴로움을 야기한다. 말하자면 여전히 집에 있으면서도 향수를 느끼는 것과 같다.

로 옆에 있었다. 나는 그곳에서 조용히 카디시를 낭송했다. 내 곁에 '미니얀' 유령처럼 있는 이 모든 부재자들을, 가상의 정족수를 헤아리면서.

역사의 맨 처음에 인간은 자신의 형제를 죽이고, 그 폭력은 세상이 끝날 때까지 아우성친다. 그 소리는 반사되어 다른 카인들을 일으켜세우고 그들이 모든 세대에서 같은 행동을 되풀이하게끔 부추긴다. 그 행동이란 항상 아벨을 제거하는 것이다. 아무것도 지속되는 것은 없다는 사실을, 결함을 받아들이고 획득한 모든 것을 포기해야 한다는 사실을 우리에게 상기시키러 오는 모두를 지우는 것이다.

언젠가 누구보다 그것을 잘 표현한 『성서』 속 인물이 있다. 솔로몬은 예루살렘의 왕이었다. 『성서』에서 그는 전형적인 소유의 인간으로 한평생 재물, 부, 돈, 여자를 거두어들인다. 그는 왕궁을 세우고, 나무를 심고, 과실을 수확하고, 보물을 쌓아올린다. 카인의 아들답게 무소불위의 권력을 휘두른다.

그는 말년에 「전도서」라는 책을 쓴다. 그리고 양피지에 모두에게 알려진 이 문장을 반복한다. "헛되고 헛되니 모든 것이 헛되도다!" 이 구절은 『성서』에서 가장 유명한 구절 중 하나다.

또한 가장 잘못 번역된 구절 중 하나다.

솔로몬은 히브리어로 다음과 같이 진술한다. "*하벨 하발림 하*

콜 하벨."• 예루살렘의 왕은 허무에 대해서 말하는 게 아니라 문자 그대로 다음과 같이 말한다. "입김이고 입김이니 모든 것이 입김이다." 더 간단하게 말하면 다음과 같다. "아벨이고 아벨이니…… 모든 것이 아벨이다!"

이렇게 현자, 소유자, 정착민, 그리고 재물을 획득하고 세상의 영속성을 믿었던 자는 말한다. 모든 것이 아벨이라고, 그는 인정한다. 우리가 튼튼하게 세운 모든 것이 결국 마모되거나 사라질 때, 약하고 일시적이며 빈틈이 있을 수 있는 것은 역설적으로 세상에 지워지지 않는 흔적을 남긴다. 지나간 존재의 입김은 증발하지 않는다. 그것은 우리의 삶에 숨을 불어넣고, 우리를 전혀 예상하지 못한 곳으로 데려간다.

다른 많은 아벨들 가운데 한 명이었던 '에드가르 삼촌'의 무덤에 고개를 숙인 채 나는 눈을 감았다. 눈을 도로 떴을 때, 이토록 특별한 역사가 있는 이 작은 마을의 터가 한눈에 들어왔다. 묘지 위로, 동네 언덕에 너른 숲이 펼쳐져 있었다. 나는 거기 있는 과실나무들을 알아보았다. 마을 입구 표지판에 의기양양하게 써붙은 문구를 떠올렸다. "베스트호펜: 알자스 체리나무의 세계 수도."

• [원주] 「전도서」 1:2.

문득, 달콤한 과즙이 입안에 감돌면서 명징한 사실이 떠올랐다. 이 체리나무의 뿌리들처럼 내 뿌리들이 이 땅에서 자랐다. 어리석음, 질투 혹은 두려움이 내 뿌리들을 뽑고 이 뿌리내림의 흔적들을 지우고, 살아 있는 자와 심지어 죽은 자들을 몰아내려 했다. 하지만 그들의 고향 땅에서 멀리 다시 심어진 인간은, 그리고 체리나무는 기이한 기억을 품은 과실을 맺는다. 언젠가 그들을 보호해주었던 들판의 기억을.

피처럼 흐르는 그들의 붉은 과육에서 선조들의 '피들'이 울부짖는다.

베스트호펜의 체리나무들은 그곳의 후손들처럼 절대 죽지 않는다. 자신들의 땅에서 뿌리 뽑힐 때조차 그들은 보존된다. 그들을 화주火酒에 담그는 것으로 충분하다. 이 생명수•는 대대손손 이렇게 외치게 할 것이다. *"레하임!"*(삶을 위하여!)

• 과실을 주원료로 하는 증류주인 '화주eau-de-vie'는 문자 그대로 '생명수'를 의미한다.

옮긴이의 말

'혼자'들의 살아남음에 관하여

「예루살렘 포스트The Jerusalem Post」 지가 선정한 2021년 영향력 있는 50인의 유대인 중 한 사람인 델핀 오르빌뢰르는 프랑스의 세 번째 여자 랍비이다. 60만 명의 유대인들이 살아가는 프랑스 유대 공동체에서 2021년 기준으로 여자 랍비는 단 다섯 명뿐이다. 오르빌뢰르는 이스라엘에서 의학을 공부하고, 파리에서 기자로 활동한 후에, 뉴욕에서 랍비가 되는 과정을 밟았다. 현재는 프랑스에서 유대 사상에 관한 진보적인 계간지 「테누아Tenou'a」의 편집장으로 활동하며, 책과 강연을 통해 대중에게 친숙하게 다가가고 있다. 랍비이자 '쇼아' 생존자의 손녀이면서 세 아이의 엄마이기도 한 델핀 오르빌뢰르는 다양한 분야에서 변화무쌍한 모습을 보여주면서도, 타인의 말에 귀를 기울이고 사람들을 돕는 열정을 일관되게 이어나갔다. 『당신이 살았던 날들』에는 오르빌뢰르가 사람들에게 건네는 연대와 위로의 목소리가 고스란히 담겨 있다.

『당신이 살았던 날들』은 죽음이 방문한 순간에 오르빌뢰르가 함께했던 유명하거나 이름 모를 사람들에 관한 이야기이다. 오르빌뢰르는 유대인의 역사를 관통하는 죽음이라는 주제를, 로맹 가리가 "외침의 한 방식"•이라고 말한 유대 유머의 힘으로, 결코 가볍지도, 무겁지도 않게 풀어나간다. 죽음을 끝으로 보지 않는 유대인의 시선에서 우리는 그들의 전통과 일상에 깃든 삶의 철학을 엿볼 수 있다. 오르빌뢰르는 하느님과 씨름을 했던 야곱-이스라엘의 자손답게, 전통 자체에 이의를 제기하는 유대교를 재발견하게 한다. 오르빌뢰르에게 종교란 정해진 답이 있는 게 아니라 세대마다 새롭게 정의되는 탐색의 과정을 거치는 것이다.•• 그녀는 전통적인 유대 텍스트를 참신한 시선으로 재해석하는 한편, 현대성, 페미니즘, 세속주의와 같은 오늘날의 이슈를 통해 우리에게 질문을 던지고, 프랑스 사회에서 발흥하는 반유대주의를 고발한다. 유대인은 의문과 문제를 제기하면서 모든 고정된 것들을 뒤흔들고, 죽음과 생명 사이에서 끊임없이 생명을 선택한다. 이런 유대인의 삶의 방식은 우리에게 삶이란

• 로맹 가리, 『징기스 콘의 춤』, 김병욱 옮김, 마음산책, 220쪽.

•• 출처: https://url.kr/7gwx2z(2022년 1월 3일 확인).

안정과 움직임 사이에서, 앙리 아틀랑이 말했듯 '수정과 연기 사이'에서 계속 균형을 찾는 것임을 일깨운다.

오르빌뢰르가 들려주는 삶과 죽음의 이야기들은 내 머릿속에 유령처럼 떠나지 않던 기억들을 떠오르게 했다. 그 기억들이 시공간을 거슬러 하나의 조각처럼 이어지는 듯했다. 그래서 나에게 그 조각을 맞춰보라고, 이야기의 매듭을 한번 풀어보라고 말을 건네는 것 같았다. 오르빌뢰르는 자신의 이야기를 듣는 자들에게 저마다의 유령을 만나게 한다. 우리를 이야기꾼으로 만든다.

기억의 도시에 대한 기억

2019년 3월 파리에 머물렀다. 숙소는 북서쪽 17구의 오층 건물이었다. 겨울에서 봄으로 들어가는 초입이라 빗방울도 떨어지고 분위기가 제법 스산했다. 당시에 거리에서 앰뷸런스 소리를 종종 들었다. 프랑스 정부의 유류세 인상에 반대하는 '노란 조끼 시위'가 벌어지던 때였다. 주말에 가까운 몽소 공원의 철문이 닫혀 있어서 주변 상인에게 물었더니, 뉴스에서 떠들썩하던 그 '노란 조끼' 때문이라고 했다. 그는 시위가 있으니 중심가엔 가지 말라고 당부했다. "조심하라"는 경고도 빼놓지 않았다. 텔레비전 화면 속 샹젤리제 거리는 상점 진열창이 부서지고, 화염병이 날아다니고, 화재가 나서 검은 잿더미가 허공에 날렸다. 그래서 주말이면 파리 중심가를 빙 돌아서 골목을 걸어다녔다. 혹시라도 만나서는 안 될 사람들을 마주칠까 봐 사방을 주시하면서. 하지만 나는 그 길 위에서 뜻밖의 사람들을 만났다. 파리에는 죽은 자들이 살고 있었다.

파리 16구, 개선문이 서 있는 샤를드골 광장에서 타트그랭 광장까지 이어지는 대로를 지나다 보면, 우리가 결코 지나칠 수 없는 지백색 건물이 있다. 그곳의 검은 철문 위로 텁수염이 덥수룩한 남자의 얼굴 조각이 도드라지게 새겨져 있는데, 한 손으로 머리를 짚고 고뇌하는 듯한 그의 모습을 보면 누구나 이 대로의 주인공을 어렵지 않게 짐작할 수 있다. 『레 미제라블』과 『파리의 노트르담』 등을 쓴 프랑스의 대문호 빅토르 위고다. 건물을 더 주의 깊게 살펴보면 오른쪽 벽면에서 하얀 명판을 발견할 수 있다. 거기에는 이렇게 적혀 있다. “여기, 1885년 5월 22일 빅토르 위고가 사망한 호텔이 서 있었다.”

파리의 거리를 걷다 보면 간혹 건물 외벽에, 그 건물에 살았거나 건물에서 죽은 유명인의 생몰년도 혹은 기념할 만한 사건이 적힌 명판을 발견할 수 있다. 그럴 때마다 우리는 죽은 자들을 만나고 그들의 목소리를 듣는다. 나는 빅토르 위고 대로에 서서, 생애 한순간에 이 거리를 걸었고 여기 있던 건물에서 눈을 감은 한 남자를 떠올렸다. 위고는 1882년에 러시아 유대인 대학살을 규탄하며 대중에게 외쳤다.

"한쪽에 국민이, 다른 한쪽에 군중이 있다. 한쪽에 빛이, 다른 한쪽에 어둠이 있다! 선택하라!"•

1881년 제정러시아에서 알렉산드르 2세 암살 사건의 배후로 유대인이 지목되면서 반유대주의가 들불처럼 번지고, 러시아 제국 내 수많은 유대인 공동체가 공격을 받았다. 러시아 제국에서 비유대인들이 유대인들에게 자행한 학살인 '포그롬'의 서막이었다. 그 후로 오랫동안 러시아 제국의 묵인과, 때로는 선동 속에서 '포그롬'은 반복되었다. 결과적으로 유대인들은 탄압과 박해를 피해 러시아에서 서유럽과 미국으로 대거 이주하였다. 유럽 대륙에 도착한 유대인들은 완전한 유럽인으로 동화될 수 있으리라 낙관했다. 하지만 얼마 안 가서 그들의 바람이 산산조각 나는 사건이 발생했다. 그것도 '톨레랑스'의 나라 프랑스에서. 그 사건을 계기로 시오니즘 운동이 태동하고, 기원전 586년 무렵에 멸망한 '유대인의 왕국'이 현대 팔레스타인에서 되살아

• Joë-Y. Friedemann, "Victor Hugo et les pogroms de Russie des années quatre-vingt", *Revue belge de Philologie et d'Histoire*, 1979, vol. 57, p. 634.

났다.

1894년 보불전쟁의 여파가 아직 가시지 않은 시기에 프랑스는 '드레퓌스 사건'으로 들끓었다. 뼈아픈 패배를 극복하기 위하여, 애국주의를 고취시키고 반독일 정서를 정치적으로 이용할 계기를 찾아낸 것이었다. 알자스 출신의 유대계 육군 장교 알프레드 드레퓌스 대위가 독일에 군사기밀을 유출했다는 혐의로 고발당했다. 그에게 불리하게 조작된 증거와 군의 은폐로 인해 드레퓌스는 이듬해 재판정에서 유죄선고를 받고, 프랑스령 기아나에 있는 '악마의 섬'으로 유배되었다. 무죄를 주장하는 드레퓌스를 향해서 군중은 외쳤다. "드레퓌스에게 죽음을! 유대인에게 죽음을!"•

유대인이란 이유로 반역죄를 뒤집어쓴 드레퓌스를 지지하기 위해서 양심 있는 예술가들과 지식인들이 목소리를 높였다. 그들 중에 작가 에밀 졸라가 있었다. 1898년에 졸라는 진실을 은폐하고 드레퓌스를 유죄로 몰고 가려 하는 프랑스 군지도부의 음모를 폭로하기 위하여, 일간지 「로로르L'Aurore」에 "나는 고발한다J'accuse……!"라는 제목의 공개서한을 싣고 일침을 가했다.

• Guy Chapman, *The Dreyfus Case*, London: Rupert Hart-davis, 1955, p. 99; 폴 존슨, 『유대인의 역사』, 김한성 옮김, 서울: 포이에마, 2014, 643쪽 재인용.

진실은 전진한다고. 프랑스의 소설가이자 시대의 양심은 드레퓌스의 재심 운동을 이끌어냈다. 1906년 드레퓌스는 마침내 무죄가 확정되어 지위가 복권되었지만, 프랑스 내 반유대주의적 증오심은 사그라들 줄 몰랐다.

드레퓌스가 유죄를 선고받은 당시 현장에서 그 증오의 불씨를 목격한 사람이 있었다. 빈에서 발행하는 어느 일간지의 파리 특파원이었던 테오도어 헤르츨이었다. 그로부터 반년 뒤에 그는 「유대 국가Der Judenstaat」(1896) 초고를 완성했다. 유대인은 유럽 대륙에 동화될 수 없으며 오직 유대 국가를 건설하는 것만이 해결책이라는 내용이었다. 프랑스대혁명 이후에 확산된 민족주의적 기류를 타고, 이스라엘 건국 운동이 촉발되었다. 이스라엘 국가가 비로소 팔레스타인 영토에 건국된 것은 1948년, 제2차 세계대전이 끝난 후였다. 전쟁에서 약 6백만 명의 유대인들―유럽에 살았던 유대인 3명 중 2명―이 나치 독일에 의해 잔인하게 살해당한 후에, 유대인들은 평화로운 보금자리를 찾아서 팔레스타인으로 향했다.

이쯤에서 해피엔딩을 바라는 것은 무리였을까? 안타깝게도 이스라엘 건국 이틀 만에 팔레스타인 땅을 두고 이스라엘과 아랍 국가 간의 제1차 중동전쟁이 발발했다. 그 결과 난민들이 발생했고, 무장조직이 생겨났고, 폭탄 테러와 보복 공습을 주고받는 살벌한 분쟁이 계속되었다. 역사의 수레바퀴는 굴러갔다. 대륙을 가로질러, 전쟁에서 전쟁으로. 무엇이 빛이고 무엇이 어둠인지 가늠하기조차 어려운 역사적 사건 속에서 늘 그림자에 가려진 사람들이 있었다. 아이들, 그리고 여자들이 있었다.

살아 있는 자들과 죽은 자들의 연대

센강 남쪽 14구의 한 갈색 벽돌 건물에는 검은 명판이 있다. 벽에 붙어 있는 게시판의 알림 글을 통해서, 나는 그 건물이 학교라는 것을 알 수 있었다. 명판에는 제2차 세계대전 중에 사망한 학생들을 기리는 글이 적혀 있었다. 그 속에서 진실을 알리기 위해 고발하는 목소리가 들렸다. 묘한 기시감을 느꼈다.

이 학교에 다니고, 나치의 만행과 비시 정부의 암묵적인 동조로
무고하게 희생당한 학생들을 기억하며.
그들은 유대인으로 태어났다는 이유로 1942년부터 1944년까지,
죽음의 수용소로 강제 이송되어 몰살당했다.
이 120명 이상의 아이들이 14구에 살았다.

나는 그들을 만난 적이 있다. 오랜 기억 속에 내가 처음 만난 유대인들이었다. 엄연히 말하면 그들의 머리카락이었다. 무더

운 여름, 폴란드 크라쿠프 근교의 아우슈비츠 수용소에서 갈색 벽돌 건물들 속에 수북이 쌓여 있던 머리카락들을 참담한 심경으로 바라봤다. 그들의 목소리가 이 명판에서 들리는 것 같았다. 육하원칙하에 누가(나치와 비시 정부가), 언제(1942년부터 1944년까지), 어디에서(죽음의 수용소에서), 무엇을(120명 이상의 무고한 아이들을), 어떻게(강제 이송하여 몰살했다), 왜(유대인이었기 때문에) 만행을 저지르고 동조하였는지 조목조목 밝히고 있었다. 국수주의로 눈먼 국가의 맹목적인 행위와 그로 인해 죄 없는 아이들이 치른 희생을 기억하라고 외치고 있었다. 명판은 부끄러운 역사가 더이상 반복되지 않도록 파리 사람들이 망각과 벌이는 투쟁의 단면처럼 보였다. 우리는 기억을 잊지 않기 위해 싸운다. 하지만, 때로는 그 기억을 지우려 하는 사람들과도 맞서 싸워야 한다.

2019년 2월 11일 파리 13구 구청 앞의 노란 우체통에 누군가 나치를 상징하는 표장으로 낙서를 했다. 내가 파리에 도착하기 한 달 전 일이었다. 특히 논란을 부른 것은 그 낙서가 한 인물을 훼손하려 했기 때문이다. 우체통에는 시몬 베유의 얼굴이 그려져 있었다. 2018년 7월 1일 시몬 베유가 국립묘지인 팡테옹에 안장된 것을 기념한 그림이었다. '쇼아'의 피해자이자 여성의 권리를 대변하고 유럽의 통합을 도모했던 한 여성에게 누군가 불만을 품었던 것일까? 그는 한 사람이 아니었다. 여럿이었다. 시몬 베유가 팡테옹에 안장된 후, 그녀가 아우슈비츠 수용소로 이송되기 전에 다닌 니스의 한 고등학교 앞에도 누군가 반유대주의적 낙서로 콘크리트 바닥을 더럽힌 적이 있었다. 낙서로 자신의 증오를 표출한 자들은 도대체 무엇을 부정하고 싶었던 것일까? 낙서로 그녀의 얼굴을 지우면 역사에서도 그녀를 완전히 지울 수 있다고 생각한 것일까? 이웃한 5구에 서 있는 팡테옹에서 시몬 베유가 그 현장을 보았다면 가만있지 않았을 것이다. 그곳에 함께 있는 빅토르 위고와 에밀 졸라 역시 들고 일어났을 것이다. 투쟁은 그들이 죽은 후에도 계속된다. 이제 살아 있는 자들이 그들의 투쟁을 이어간다. 나는 살아 있는 자들과 죽은 자들의 이 연대를 파리의 묘지에서 목격했다.

팡테옹과 그리 멀지 않은 20구에는 파리에서 가장 큰 페르라셰즈 묘지가 있다. 이 공원식 묘지에는 프랑스 시민권을 가졌거나 파리에 살았던 저명한 인물들이 안식하고 있다. 나는 낯선 사람들과 함께 이 묘지를 걸었던 적이 있다. 묘지 투어를 신청해서 안내자를 따라 열 명이 안 되는 사람들과 함께 묘지를 가로질렀다. 우리는 죽은 자들의 무덤을 누비며, 그들이 경험한 다양한 삶과 죽음의 이야기를 전해들었다. 심지어 무덤에 얽힌 미신까지. 죽은 자의 이야기는 살아 있는 자의 입에서 입으로 계속 전달되고 있었다.

당시의 기억을 되짚어보기 위해서 내가 찍은 사진들을 넘겨보다가 「샤를리 에브도」의 만화가 베르나르 벨리크Bernard Verlhac, 일명 '티뉴스'의 무덤 사진을 발견했다. 뿔테 안경을 낀 그의 얼굴 사진이 비석에 조그맣게 박혀 있었고, 검은 대리석 석판 위에 버섯 모양의 조각과 앙증맞은 화분들과 그의 익살맞은 캐리커처가 있었다. 그리고 그곳에 폴 엘뤼아르Paul Éluard의 시구가 새겨져 있었다. 살아 있는 자가 죽은 자에게 바친 헌사의 일부였다. 그 시구는 살아 있는 자와 죽은 자를 연결하는 끈을 보여준다.

"당신은 자유롭기를 꿈꾸었고, 나는 당신을 계승한다"•

나는 묘지에서 이 계승을 자주 목격했다. 영원토록 기억하겠다는 의미로 유대인들이 죽은 자의 무덤에 조약돌을 올려놓듯이, 파리 사람들은 실로 다양하고 기발한 방식으로 그 기억의 약속을 무덤에 남겼다. 이를테면 여성의 욕망을 솔직하게 써내려간 작가 마르그리트 뒤라스의 무덤에는 그녀를 방문한 사람들의 펜이 화분에 잔뜩 꽂혀 있었고 머리끈이 나뭇가지에 주렁

• 폴 엘뤼아르의 시 「사랑의 힘을 말하라Dit de la force de l'amour」에서.

주렁 매달려 있었다. 자유로운 사랑을 추구했던 철학자 장 폴 사르트르와 시몬 드 보부아르의 비석에는 붉은 빛깔의 입술 자국들이 선명하게 찍혀 있었다(몽파르나스 묘지). 반항의 아이콘이었던 가수 짐 모리슨의 무덤 앞에는 나무에 껌이 덕지덕지 붙어 있었다(페르라셰즈 묘지). 무덤에 남은 이 계승자들의 흔적은 죽은 자에게 확실한 연대를 약속하는 보증처럼 보였다. 마치 새끼손가락을 걸고, 도장을 찍고, 사인까지 하듯이. 살아 있는 자들은 무덤에서 우리가 죽은 자의 유산임을 증명했다. 살아 있는 자와 죽은 자는 이렇게 손을 맞잡았다.

나는 그저 옆방으로 건너갔을 뿐

숙소에서 그리 멀지 않은 파리 북쪽 18구에 몽마르트르 묘지가 있었다. 사람들이 출근하는 철근 다리 아래로 무덤들이 내려다보였고, 묘지에서는 사람들이 사는 건물들이 올려다보였다. 어느 날인가 한적한 무덤가의 한 석조 벤치에 오랫동안 머물렀다. 맞은편 무덤에 책 모양의 비석이 내 눈길을 잡아끌었기 때문이다. 펼쳐진 책의 왼쪽 페이지에는 한 커플의 흑백사진이 있었고, 오른쪽 페이지에는 시가 적혀 있었다. 샤를 페기Charles Peguy의 시, 혹은 그가 번역했다고 알려진 헨리 스콧-홀랜드

Henry Scott-Holland의 시였다. 1990년대에 장례식에서 프랑스 사람들이 이 시를 자주 읊었다고 한다. 시에서 죽은 자는 말한다. 죽음은 멀리 있지 않다고, 언제나 가까이 있다고.

> 죽음은 아무것도 아닙니다, 나는 그저 옆방으로 건너갔을 뿐,
> 나는 나이고,
> 당신은 당신이며,
> 나는 영원히 당신에게 나였던 사람입니다.
> (…) 나는 멀리 있지 않아요.
> 바로 길 건너편에 있어요.

정말이었다. 죽음은 멀리 있지 않았다. 2021년 봄, 코로나19로 칩거하는 날들이 길어지고, 서울의 거리에서 앰뷸런스 소리를 듣는 것이 일상이 된 어느 날, 앞집이 이사 간다는 소식을 들었다. 놀랍게도 우리가 무려 이십 년 가까이 이웃으로 살았다는 사실도, 작년 말 그 집 할머니께서 집에서 병환으로 돌아가셨다는 사실도 그제야 알게 되었다. 복도를 사이에 두고 이웃집 할머니의 죽음을 거의 반년이 지나서야 알게 된 것이 도저히 믿기지 않았다. 죽음은 가까이에 있었다. 바로 건너편에 있었다.

삶에서 죽음을, 죽음에서 삶을 생각하게 하는 오르빌뢰르의 이야기를 읽으면서, 나는 파리의 묘지와 서울의 집에 관한 기억

을 떠올렸다. 숨바꼭질하듯이 얼굴 모르는 시위대를 피해 묘지를 거닐었던 날들과 실체를 모르는 바이러스를 피해서 집에 머무는 날들이 얼핏 겹쳐지는 것 같았다. 삶과 죽음은 묘지와 집에서 종이의 양면처럼 딱 붙어 있었다. 나는 나의 삶과 더불어 타인의 죽음을 생각하면서 이 '살아남음'의 의미를 되짚어보았다. 그리고 이 '살아남음'을 곱씹으면서 나를 살게 해주는 사람들, 나와 함께 살아남은 사람들을 떠올렸고, "영영 혼자"가 되지 않으려면 "지금 혼자"•가 되어야 하는 이 순간, 모두가 혼자이기에 결국 모두가 혼자가 아니라는 역설을 깨달았다.

오르빌뢰르는 이 책에서 말과 행동으로, 조상의 전례문을 낭송하는 방식으로, 애도자들에게 미래를 신뢰하고 다시 일어설 가능성을 믿게 한다. 랍비로서 그녀는 우리에게 말한다. 죽음 뒤에도 반드시 살아남는 것들이 있다고. 그리고 죽음이 우리에게 남기는 것이 무엇인지 알고자 하는 이들에게 오르빌뢰르는 이 가르침을 준다. (코로나19 경험을) 기억하고 전달하기. (마스크를 끼고, 손을 잘 씻고, 거리를 두는) 동반의 의식을 지키며 잘 배웅하기. 동시에 타고난 이야기꾼인 오르빌뢰르는 우리에게 각자의

• 서울시 코로나19 종식을 위한 사회적 거리두기 캠페인 표어 "지금 혼자가 되지 않으면 영영 혼자가 될 수도 있습니다."

유령을 대면하고, 서로에게 구원의 열쇠가 되어줄 수 있는 이야기의 힘을 믿으라고 말한다. 우리가 이야기의 매듭을 풀 때까지 우리의 유령이 악착같이 돌아오는 것처럼, '약속의 땅'에 발을 디딜 때까지 반복될 모든 '혼자'들의 이 걸음이 죽음 뒤에도 반드시 살아남을 테니까 말이다.

2022년 1월
세검정 작업실에서
김두리

옮긴이 김두리

출판사에서 해외문학 편집자로 일했다. 한국외국어대학교 통번역대학원 한불과를 졸업하고, 고려대학교 대학원 불어불문학과 박사과정을 수료했다. 옮긴 책으로 『해피데이스』 『여성 권리 선언』 『다윈의 기원 비글호 여행』 『낙서가 예술이 되는 50가지 상상』 등이 있다.

당신이 살았던 날들

1판 1쇄 2022년 1월 28일
1판 2쇄 2022년 3월 10일

지은이 델핀 오르빌뢰르
옮긴이 김두리

펴낸이 김정순
편집 신원제 허영수
디자인 이강효
마케팅 이보민 양혜림 이다영

펴낸곳 (주)북하우스 퍼블리셔스
출판등록 1997년 9월 23일 제406-2003-055호
주소 04043 서울시 마포구 양화로 12길 16-9(서교동 북앤빌딩)
전자우편 editor@bookhouse.co.kr
홈페이지 www.bookhouse.co.kr
전화번호 02-3144-3123
팩스 02-3144-3121

ISBN 979-11-6405-153-3 03100